V43 撮る
 V44 遊ぶ
 V45 返す
 V46 持つ
 V47 手伝う
 V48 洗う

 V49 使う
 V50 待つ
 V51 死ぬ
 V52 弾く
 V53 座る
 V54 立つ＊

V55 払う
V56 浴びる [シャワーを〜]
V57 磨く
V58 消す
V59 乗る
V60 降りる＊

V61 見せる
V62 急ぐ
V63 集める
V64 切る
V65 入れる
V66 並べる

 V67 取る
 V68 言う
 V69 履く
 V70 捨てる
V71 運ぶ
V72 置く

V73 結婚する
V74 住む
V75 乗り換える
V76 焼く
V

V79 泣く
V80 笑う
V81 押す
V82 怒る
V83 運転する
V84 並ぶ

V85 謝る
V86 出る
V87 探す
V88 歩く
V89 降る
V90 忘れる

新装版

日本語初級① 大地

教師用ガイド
「教え方」と「文型説明」

山﨑佳子・佐々木 薫・高橋美和子・町田恵子

スリーエーネットワーク

©2010 by 3A Corporation

All rights reserved. No part of this publication may be reproduced, stored in a retrieval system, or transmitted in any form or by any means, electronic, mechanical, photocopying, recording, or otherwise, without the prior written permission of the Publisher.

Published by 3A Corporation.
Trusty Kojimachi Bldg., 2F, 4, Kojimachi 3-Chome, Chiyoda-ku, Tokyo 102-0083, Japan

ISBN978-4-88319-958-7 C0081

First published 2010
Printed in Japan

はじめに

　本書は「大地」を使って日本語を教える教師のためのガイドブックです。
『日本語初級大地1メインテキスト』は、文型の導入・練習からまとめの活動までをコンパクトにまとめました。また、初級の学習者に日本語で日本語を教える際には文字よりもイラストを使った練習が有効であるとの観点から、練習に最適なイラストを豊富に掲載しました。

　教師の役割はイラストの場面・状況と、必要な文法・語彙を示し、学習者の発話を確認すると共に、イラストから学習者が得た自由な発想を大切にすることにあります。練習する際に、学んだ日本語を使って自分自身のことを話すよう、学習者にぜひ働きかけてください。学習者自身が自分の言葉で話し始めたとき、表現する喜びや達成感を感じることができるでしょう。

　本書に示す授業の進め方はクラス授業を行う際のひとつの例に過ぎません。クラスの形態・授業時間数、学習者数・学習者のニーズ・適性・学習歴・到達目標、教師の個性などによって、さまざまな使い方が考えられるでしょう。本書の授業の進め方を参考にして、有意義で楽しい個性豊かな授業を創造していっていただきたいと思います。さまざまな創意工夫を期待します。そして、それを同僚の先生方で共有し、お互いに楽しみながら向上しあえたら、望外の喜びです。

2010年10月　著者

目次

1章 メインテキストの進め方 ……………………………7

2章 各課の教え方 ………………………………13

3章 文型説明 ………………………………… 137

「日本語初級1 大地 教師用データファイル」(別売) について

1．内容

1) イラストカード (PDF、A4) 158点

❶動詞 V　❷形容詞 A　❸名詞 N　❹登場人物
❺世界地図　❻その他

プリントアウトして、新しい語彙の導入や活用の練習にお使いください。『メインテキスト』P.199のチャートと同じイラストもあります (『メインテキスト』チャートのイラスト番号と通し番号は一致していません)。

例：食べます

2) 文字カード (PDF、A4) 433語

❶助詞 p　❷記号 m　❸動詞 v　❹形容詞 a　❺名詞 n
❻文型 s　❼疑問詞 q　❽時刻 t　❾数字 ＃

1枚に複数の語彙が入っています。プリントアウトしてから切ってお使いください。右上に＊マークのある語は、その課で学習する語と関連のある語や表現です。

3) 語彙リスト (Microsoft Excel)

『文型説明と翻訳 (各国語版)』の語彙のページと同じ語彙のリスト (日本語のみ) と、品詞別 (名詞、動詞、形容詞) のリストがあります。授業準備の際、検索機能を使うと既習語のチェックなどに使えて便利です。並べ替えや色の変更など、加工してオリジナルの資料を作ることもできます。

語彙リスト (動詞)

動詞活用表 (Microsoft Excel)

活用練習や復習の際プリントアウトして学習者に配ってお使いください。

動詞活用表

「日本語初級1 大地 教師用データファイル」は当社Webサイト (https://www.3anet.co.jp/np/books/3221/) で販売しています。QRコードまたは上記URLからWebサイトへ移動し、サイト下方のコンテンツ欄をご参照ください。

1章

メインテキストの進め方

1. 各課の構成と進め方

1）会話

　　その課の学習項目を使った会話です。練習問題終了後のまとめとして、自分の状況に合わせてまとまった会話ができるようにします。まず『メインテキスト』を見ないで音声を流し、内容について質問して大意がつかめているかどうか確認してください。その後、クラスを2つに分けたり、ペアにしたりして会話練習をします。一人で会話全部を暗誦するような練習は必要ありません。学習者の負担を軽減するために、まずキーワードを板書して、少しずつ消しながら練習したり、役割を決めて演技しながら発表するなど、無理なく楽しみながら行える工夫をしてください。会話の内容によっては、学習者が自由に内容を一部変えて会話を楽しめるよう導くといいと思います。イラストを見ながら内容を想像して会話を作る活動も面白いです。

　　『メインテキスト』の会話の人名は姓で統一していますので、リン・タイはリン、マリー・スミスはスミスとなっています。

2）文型提示

　　その課の学習項目です。文の構造が分かりやすいように図示しました。この文型ページの各番号に対応して、練習問題があります。ただし、下の「①②③」の数字がついた項目に特化した練習問題はありません。

　　3）の練習問題をしてから、文型を1つずつ確認したり、授業の最後に学習した文型をまとめて確認するなど、学習者が頭の中を整理できるようにしてください。「まとめ」の前に見直すのもいいでしょう。

3）練習問題

　　各問題は左の番号が文型の番号を示しています（例：**1-1**、**1-2**…は文型1の練習問題）。練習問題は基本練習・運用練習の順に配してあります。課の最後に、その課の総合的な練習問題「**使いましょう**」があります。内容によっては時間のかかる活動もありますので、時間配分に注意してください。

　　練習問題の種類と使い方を以下に記します。

（1）代入練習　　例：1課　**1-2**

　　基本的な練習問題です。代入する語彙はイラストが多いので、必ず内容を確認してください。また、（　　）があるものは、学習者の自由な発話を促してください。

（2）活用練習　　例：4課　**2-1**

　　活用形の練習の前に、その活用形を使った文型と場面を示してください。

　　動詞や形容詞の活用の練習は十分に口慣らしをすることが必要です。板書で導入後、文字カードやイラストカードで練習してください。その後、時間があれば、学習者同士で『メインテキスト』P.199のチャートを使って確認するという流れで繰り返し行ってください。正しい形が作れているかどうか、口頭で確認するだけでなく、学習者が書いたものでもチェックしてください。

（3）マッチング　　例：9課 **3-2**

　　まず学習者が各自で考えてから、クラス全体で答え合わせを行います。学習者が練習問題を解く間、教師は理解の遅い学習者に対する補助を行ってください。学習者同士ペアで助け合いながら行ってもいいと思います。

（4）はい と いいえ の練習　　例：1課 **3-2**

　　まず、教師が学習者に質問し、学習者の答えに合わせて、その後の会話の流れを示しながら、ポイントを板書で示すようにします。クラス全体で練習してから、ペア、グループなどの形態で練習をしてください。

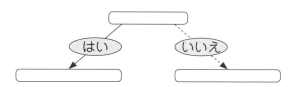

（5）インフォメーションギャップを利用した練習　　例：2課 **6-1**

　　ペアの学習者AとBが2つの異なる情報を持っていて、自分の持っていない情報を相手に尋ねる活動です。AとBがお互いに聞いて答え合う形式と、AかBが一方的に聞いて相手が答える形式があります。Aの情報は本文に、Bの情報は巻末に掲載しましたので、学習者がそれぞれのページを開いているか、よくチェックしてください。そして、相手から得た情報はテキストに書きこむように指示してください。最後に、書き込んだ情報が正しいかどうか、確認してください。

（6）インタビュー　　例：6課 **2-1**

　　1人に複数の質問をする形式、複数の人に同じ質問をする形式、複数の人に異なる質問をする形式があります。まず全員で、正しい文でインタビューの仕方と答え方を練習してください。これをしないと、QAがスムーズに進められなくなり、単語だけのやりとりで活動が終わってしまうことがあります。インタビュー結果はポイントをメモするように指導してください。

　　インタビューには以下の方法があります。

　　　　a）クラス全体で自由に相手をかえて聞きあう
　　　　b）小さいグループを作り、グループ内でお互いに聞きあう
　　　　c）ペアで聞きあう
　　　　d）身近な日本人に聞きに行く

状況に応じて方法を変えると、学習者の積極的な参加を助けます。

　　時間が許せば、メモをまとめてクラスで発表する（発表については（7）参照）と、運用力をつけるよい練習になります。

（7）発表タスク　　例：6課 **4-2**

　　発表タスクはまとまった話をする基礎的な練習になります。初めに、原稿または発表のためのメモを作ります。それから発表練習の準備の時間をとって、教師が指導した上で実施します。よく準備した上で発表することにより、文法的にも内容的にも完成度の高いものになり、学習者の達成感、自信につながります。

　　発表は、グループやペアなどで行ったり、外部の人を招くなどすると面白いと思います。

（8）読むタスク　　例：10課　使いましょう

　　初めに各自で黙読します。分からない言葉があっても辞書は引かずにチェックだけしておくよう指示してください。その後、内容について口頭で確認してから音読します。文の内容が理解できているかQAするときは、テキストを見せずに行うようにすると、学習者は達成感とクイズを解くような楽しみが味わえます。文章全体を大きくとらえるよう指導してください。

（9）書くタスク　✏　　例：8課　使いましょう②

　　書くタスクには作文例があります。まず作文例を使って読むタスクと同様のことを行ってください。次に作文例を見ながら実際に書かせてください。段階を踏むことで学習者は自然な文の流れを身につけることができます。

　　書く前にペアかグループでテーマについて話し合うと、書く内容が焦点化され、書きやすくなります。

　　書く時間がない場合は宿題にしてもいいですが、教師は必ず学習者の書いたものを確認してください。その場合は添削しやすいように、作文用紙を配布しましょう。

（10）友達の会話　👥👥　　例：14課

　　主に普通体の会話の練習ですが、相手の年齢や親疎、社会的地位を意識したものもあります。だれとだれの会話なのかよく確認してから、イントネーションに注意して練習してください。

　　助詞「を」「は」「が」は普通体の会話では基本的に省略しました。それ以外の助詞は原則として省略していません。

　　友達の会話を教師と学習者が行うときは、教師と学習者が同じ野球帽をかぶるなどして、友達同士であることを示し、学習者が教師の役割をするときにはレンズなしメガネやネクタイなどでそれを示すと分かりやすく、楽しめると思います。

2.「まとめ」の進め方

　まとめ**2**の**2**のような活用表は必ず書いて確認してください。まとめ**3**の**3**のようなそれまでに学習した文型をシチュエーションに合わせて使う練習は、文型提示のページを復習してからするとよいでしょう。学習項目が実際に使われる状況を再確認することで、現実のコミュニケーション場面での発話を促す効果を期待しています。その他、読むタスクなどの進め方はP.10を参照してください。

2章

各課の教え方

各課の冒頭にその課の**到達目標**が示してあります。

練習問題ごとに「ポイント」「場面」「新出語」「新出項目」「用意する物」「練習の仕方」「板書」「留意点」「発展練習」の9項目のうち、必要なものを記載しています。

ポイント： 　行動の目標や文型のポイントがあります。

場　面： 　イラストに表された状況を示します。ただし、見てすぐ分かるものは省略しています。

新出語： 　その練習に出てくる新出語を挙げました。イラストの中にある新出語もあります。＊マークのある語は関連語です。新出語の提出順は『文型説明と翻訳』の「語彙」に準じています。

新出項目： 　『メインテキスト』の各課2ページ目にある①②などの項目が載せてあります。

用意する物： 　**DA**のマークがついているものは、「日本語初級1大地 教師用データファイル」（別売）に収録されているものです。これらの文字カードおよびイラストカードのほか、身の回りにあるものなども記載しました。文字カードは裏にマグネットをつけて、板書の際に使うと便利です。

練習の仕方： 　練習の順番を①②などで示してあります。『メインテキスト』の練習に入る前の導入部分も含まれています。

　$\boxed{+\alpha}$ は『メインテキスト』の練習問題の延長でできる応用的な練習です。

　タスクの仕方については1章にまとめてありますので、随時参照してください。各練習に　P.9（6）参照　などの形で示してあります。

　練習の仕方の最後に該当する文型番号を**文型**の形で載せました。その練習まで進めば、2ページ目で提示してある学習内容を扱い終わっています。文型によっては複数の練習問題に分けている場合もあるので、この文型番号を目安に2ページ目を使用してください。

　説明の中では教師をT、学習者全体をS、個々の学習者をS1・S2で表しています。練習に当たって学習者の自己表現のために必要な語彙、例えば趣味や自国の紹介の時などに学習者が使いたい語彙は未習でも適宜紹介してください。

板　書： 　板書の目的は、そこで学習する文型を視覚的に確認することと、学習者の自由な発話を助けるヒントとなる既習語彙を示すことです。文型の提示部分は以下のように示しています。

　　　　わたし $\boxed{は}$ リン $\boxed{です}$。

　$\boxed{}$ はその文型のポイントを表し、＿＿はクラスの状況に合わせて、自由にアレンジした言葉を書く部分であることを表します。$\boxed{}$ 部分は「日本語初級1大地 教師用データファイル」（別売）に収録されているものを使うことも可能です。カードが用意できないときは文字の色を変えて示すこともできます。

　板書は基本的に「わたし $\boxed{は}$ リン $\boxed{です}$。」のようにフルセンテンスで書きますが、文字学習が終了するまでは「＿＿ $\boxed{は}$ ＿＿ $\boxed{です}$。」のような形でポイントだけを示すこともできるよう、3課までは留意点にその形を示して

14

あります。

　学習者から引き出した言葉もまとめて板書して、学習者の自由な発話を促してください。板書の際は全体のレイアウトを考慮してください。本書では4課**1-1**に例がありますが、クラスの実情に合わせてお書きください。

　板書はかな表記で統一してありますが、漢字の使用については学習者の状況により適宜ご判断ください。

　なお、板書例は、文型をはじめに提示するとき、会話の流れを示すとき、またSから引き出した語彙を示すときだけ書いてありますが、ほかにも適宜必要と思われるときは板書で示してください。

留意点：　その練習を進める上での注意点です。学生の興味を喚起し、授業を活性化するためにあるといい実物や写真、イラストなどもここに示しましたので、適宜選んでお使いください。

発展練習：　時間的余裕がある場合に行う別の場面での運用練習です。

はじめましょう

> **到達目標**：日本語で簡単なあいさつができる
> 教室内での指示が分かる

1.

ポイント： 簡単なあいさつができる

新出語： おはようございます。，こんにちは。，こんばんは。，さようなら。，ありがとうございます。，すみません。，いただきます。，ごちそうさまでした。，失礼します。

練習の仕方： 文字が読めない場合は『メインテキスト』のイラストを見ながら、口頭であいさつの言葉を示す。

2-1.

ポイント： 0〜10の数が分かる／言える

新出語： ゼロ／零，一〜十

用意する物： ⓓⒶ文字カード❾数字

練習の仕方： ①数字のカードを示しながら読み方を教え、次にTが示したカードをSが読む。②カードを並べてかるた取りの要領で取り合う。③Tが言った数字を聞いてSが書く。その他いろいろな方法で数字が覚えられるように導く。

留意点： ・順番を変えてもすぐに反応できるようになるまで十分練習する。

　　　　　・4、7、9については「よん」「なな」「きゅう」で練習する。ほかの読み方は出てきたときに教える。

発展練習： ナンバーコールゲームをする。S1人1人に固有の番号を与える。全員で2回拍手をしたあと、1の人が拍手をしながら、「1、3」と言い、3の人が「3、2」、2の人が「2、6」と続けていく。

2-2.

ポイント： 緊急時必要な連絡先の電話番号が分かる／言える

新出語： 警察，消防署，学校，市役所，会社

練習の仕方： ①電話番号は数字を1つずつ読むだけでいいことを教え、学校の電話番号や自分の電話番号を読む練習をする。

留意点： ・数字の勉強を兼ねているので、警察の電話番号は「ひゃくとおばん」ではなく「いちいちゼロ」で教える。

　　　　　・警察や消防署のイラストや写真を見せると分かりやすい。

発展練習： 既習者が多いクラスなら、自分の携帯番号などを言う練習をしたあとで、「あのう。電話番号は何番ですか。」という質問文を教えて、S同士で電話番号を聞き合う。Sが個人情報を言いたくないようすを示したら、自由に番号を作っていいと伝える。

2-3.

ポイント：	11 ～ 100 までの数が分かる／言える
新出語：	十一～二十，三十，四十，五十，六十，七十，八十，九十，百
用意する物：	**DA**文字カード**❾**数字
練習の仕方：	①10、20、30 ～ 100 の言い方を教える。②11 ～ 19 までの数を教える。③数字のカードを組み合わせて「23」「48」などの数を作り、読む練習をする。④Tが言った数字をSが書き取る。

3-1.

ポイント：	時刻の言い方が分かる／言える
新出語：	—時
用意する物：	**DA**文字カード**❽**時刻 1:00 など
練習の仕方：	①『メインテキスト』で時刻の言い方を確認する。②時計や時刻のカードで練習する。
留意点：	・針が動かせる大きい時計を使うとよい。 ・時刻の言い方は5課でも勉強するので、負担が大きければ必要な時刻（始業時刻など）だけでもよい。

3-2.

ポイント：	時刻の言い方が分かる／言える
新出語：	—時半，午前，午後
用意する物：	**DA**文字カード**❽**時刻 1:30 など
練習の仕方：	①『メインテキスト』で時刻の言い方を確認する。②時計や時刻のカードで練習する。

3-3.

ポイント：	何時か聞ける
場面：	時刻を聞いている
新出語：	今何時ですか。，～です。
用意する物：	**DA**文字カード**❽**時刻
練習の仕方：	①Tが時刻のカードを示し、「今何時ですか。」と聞き、Sが答える。②Tは時刻のカードを示すか各ペアに配って、Sはペアで質問し合う。

4.

ポイント：	教室用語が分かる
新出語：	始めましょう。，終わりましょう。，休みましょう。，分かりますか。，はい、分かります。，いいえ、分かりません。，見てください。，聞いてください。，書いてください。，もう一度言ってください。，名前，試験，宿題，例，質問，答え，—番，—ページ
用意する物：	『文型説明と翻訳』P.15 **4**

| 練習の仕方： | ①翻訳を見せて意味を確認しながら、Tがその言葉を日本語で繰り返す。リピートを促す。②Tが翻訳を見せ、Sが日本語で言う。 |

留意点： ・Sの母語で翻訳したものを準備しておくとよい。

5.

ポイント：	ものの名前が聞ける
場面：	ものの名前を聞いている
新出語：	日本語で何ですか。，携帯電話
練習の仕方：	質問するための言葉「日本語で何ですか。」を教え、教室にある身近なもの（ノート、ボールペンなど）の名前をSが質問し、Tが答える。
留意点：	・「これ、それ、あれ」は未習なので「これは日本語で何ですか。」と言わない。
発展練習：	日本人に何かものを見せて、名前を聞く活動をする。

1

到達目標：自己紹介ができる
　　　　　他人の紹介ができる

1-1.

ポイント：	自分の名前、出身地、職業が言える，「N1はN2です」
新出語：	わたし，学生，先生，〜人，エンジニア，ペルー
用意する物：	Tの名札，**DA**イラストカード❺世界地図，**DA**文字カード❶助詞「は」❻文型「です」
練習の仕方：	①Tが自分の名札を示し「わたしは〜です。」と言い、Sもそれぞれに「わたしは〜です。」と自己紹介する。②Tが世界地図の日本を指して、「わたしは日本人です。」と言い、Sも同様に「わたしは〜人です。」と言う。③初めにTが「わたしは先生です。」と言い、続けてSも「わたしは会社員です。」などと職業を言う。『文型説明と翻訳』P.22参照。**文型1**

板　書：　　わたし [は]　リン [です]。

留意点：
・「は」は「わ」と発音することを教える。
・Sが全員学生の場合は、職業についてはここで扱わず、**1-2**と**2**で扱ってもよい。
・Sが文字を十分理解できない場合は、板書を＿＿＿＿[は]＿＿＿[です]。のように最低限の文字にする。以下、3課までは留意点に「板書2」としてこの形も示してある。
・固有名詞については、未習であっても学習者にとって必要であれば適宜紹介する。
・「教師」は9課で学習するので、ここでは「先生」を使う。

1-2.

ポイント：	他人の職業と出身地が言える
新出語：	〜員，銀行員，会社員，〜さん，例，中国，オーストラリア，フランス，ベトナム，リン・タイ，アラン・マレ，レ・ティ・アン，マリー・スミス，ホセ・カルロス
用意する物：	**DA**イラストカード❹登場人物
練習の仕方：	①登場人物のイラストカードを使って名前と職業を確認する。②『メインテキスト』に戻って練習する。
留意点：	・他人の名前には「〜さん」をつけることを示す。自分につけないように注意する。

2.

ポイント：	他人の職業と出身地が聞ける，肯定の答えができる，「Sか」
新出語：	はい，そうです。
用意する物：	ⒹⒶ文字カード❶助詞「か」❷記号「？」❻文型「はい」
練習の仕方：	①「？」の文字カードを見せながら、「Sさんは学生ですか。」と質問し、「か」が疑問を表すことと、「はい、学生です。」という答え方を教え、板書する。②『メインテキスト』のイラストを見て、職業、国籍を確認後、練習する。**文型❷**

板　書：	A：<u>リンさんは　がくせいです</u>[か]。 B：[はい]、　　　<u>がくせいです</u>。

留意点：	・「はい、そうです。」を先に教えると、答えが全部「そうです。」になってしまうので、練習の最後に追加する。 ・「リンさんは学生ですか。」の答えは「はい、学生です。」となり、「リンさんは」の部分を省略する。このように学習の初期から自然な会話を重視し、簡潔に答えるよう指示する。 ・板書2　A：＿＿[は]＿＿です[か]。 　　　　　　B：[はい]、＿＿です。

3-1.

ポイント：	否定文が言える，「Nじゃありません」
用意する物：	ⒹⒶイラストカード❹登場人物，ⒹⒶ文字カード❷記号「×」❻文型「じゃありません」
練習の仕方：	①登物人物のイラストカードを見せながら、「リンさんは？」と聞き、「学生です。中国人です。」などのSの答えを待つ。それから、「×」のカードを見せながら「リンさんは先生じゃありません。」と、否定の言い方を示し、板書する。②「リンさんはフランス人……」とTが『メインテキスト』の選択肢を使って文を途中まで言って、Sに続きを促す。それから文全体を全員でコーラスして確認する。③④）まで同様に練習する。　＋α　リン以外の人物についても同様に行う。**文型❸**

板　書：	<u>リンさんは　せんせい</u>[じゃ　ありません]。

留意点：	・板書2　＿＿は＿＿＿[じゃ　ありません]。

3-2.

ポイント：	「はい、〜です」と「いいえ、〜じゃありません」が言える
場　面：	パーティーで親しい友達に参加者の国籍を聞いている
新出語：	いいえ，日本，アメリカ，エミ
用意する物：	ⒹⒶ文字カード❻文型「いいえ」「じゃありません」

| 練習の仕方： | ①「Sさんは〜人ですか。」「はい、〜人です。」「いいえ、〜人じゃありません。〜人です。」などとSに聞きながら、質問の仕方と答え方を教え、板書する。その後、クラス内で自由に質問し合う。②『メインテキスト』のイラストのパーティーの参加者の国籍を確認してから練習する。 |

板　書：　　A：エミさんは　にほんじんですか。
　　　　　　B：いいえ 、　　　にほんじん じゃ　ありません 。

留意点：　　・板書2　いいえ 、　_____ じゃ　ありません 。

4-1.

ポイント：　「N1 も N2 です」

新出語：　韓国，キム・ヘジョン，イ・ミジャ，鈴木京子，佐藤さゆり，野口修

用意する物：　🅓🅐文字カード❶助詞「も」

練習の仕方：　①クラスのSを話題にして、「S1さんは学生です。S2さんも学生です。」と言って、助詞「も」を教え、板書する。同様に「S1さんは〜人です。S2さんも〜人です。」と、国籍などでも練習する。②『メインテキスト』のイラストを見て、練習する。**文型4**

板　書：　　　リンさん は　がくせいです。
　　　　　　　マリーさん も　がくせいです。

留意点：　　・板書2 ____ は ____ です。
　　　　　　　　　　　 ____ も ____ です。

4-2.

ポイント：　助詞「も」と「は」が使い分けられる

場　面：　お互いの職業について質問している

新出語：　研究員，ナルコ・ハルトノ

用意する物：　🅓🅐イラストカード❹登場人物

練習の仕方：　①クラスのSに「S1さんは学生ですか。」と質問し、「はい、そうです。」「S2さんも学生ですか。」「はい、わたしも学生です。」と練習する。その後、学生ではないSに「S3さんも学生ですか。」と質問し、「いいえ、わたしは研究員です。」となることを確認する。②登物人物イラストカードを使って人物の属性を確認してから、『メインテキスト』の練習を行う。

留意点：　・クラス全員が学生の場合は、国籍を使って提示する。全員が同国人の学生の場合は、登場人物のイラストカードを使ったり、各自自由に職業を決めるなどして、フィクションで行ってもよい。

5-1.

ポイント：　所属が言える，「N1のN2」

21

新出語：	日本語学校，大学，寮，管理人，岩崎一郎，スバル日本語学校，みどり大学，IT コンピューター，スバル寮
用意する物：	**DA**文字カード❶助詞「の」
練習の仕方：	①「わたしは○○日本語学校の先生です。」と言い、S に「わたしは○○日本語学校の学生です。」と言うことを示し、板書する。②『メインテキスト』にある 1）〜 3）の名刺を使って練習してから、各自自分の名刺を作り、自己紹介し合う。『文型説明と翻訳』P.22 **1**参照。**文型5**
板　書：	<u>マリーさんは</u>　<u>スバルにほんごがっこう</u>[の]　<u>がくせい</u>です。
留意点：	・学習者が名刺を持っている場合は、実際の名刺を使ってもよい。 ・板書2　＿＿＿は＿＿＿[の]＿＿＿です。

5-2.

ポイント：	自己紹介のあいさつができる
場　面：	名刺交換して自己紹介をしている
新出語：	初めまして。，どうぞよろしくお願いします。，こちらこそどうぞよろしくお願いします。，木村春江
練習の仕方：	①『メインテキスト』通りに練習したあと、実際に名刺を渡す動作を T が見せて、名刺の渡し方を練習する。[＋α] **5-1**で作った名刺を使って、クラス内で名刺を渡しながら自己紹介し合う。
留意点：	・おじぎの仕方なども教える。その際、名刺交換の場面の写真や映像があるとよい。 ・可能なら、事務所などにいる人に自己紹介のあいさつに行く。
発展練習：	各自、なりたい人物の名刺を自由に作り、自己紹介し合うとクラスが活性化する。

使いましょう 1 🎤

ポイント：	名前と国が聞ける／言える
場面：	初対面の人と話している
新出語：	（お）名前，（お）国，すみません。，お名前は？，お国はどちらですか。，〜は？，タイ，ポン・チャチャイ，使いましょう
練習の仕方：	①質問するとき「すみません」という前置きが必要なことを知らせてから、インタビューをする。
留意点：	・「お国」「お名前」を自分には使わないように注意する。 ・マイクを使うと臨場感が出る。 ・インタビュー結果を記入する習慣をつける（母語でもよい）。

使いましょう 2 👤

ポイント：	大勢の人の前で自己紹介ができる
新出語：	趣味，水泳，〜から来ました。

用意する物：	❶Aイラストカード❺世界地図
練習の仕方：	①「S1さんは～人です。～国」と地図のイラストカードでその国の場所を確認し、そこから日本へ来たことを指で示し、「～から来ました。」を繰り返す。②Sそれぞれに発話を促し、「初めまして、わたしは～です。～から来ました。～学校の学生です。」と自己紹介が続けて言えるように練習する。③「Sさん、趣味は？」と趣味を話題にし、Sの趣味を日本語で何と言うか教え、「趣味は～です。」を練習する。④『メインテキスト』の自己紹介をTが読み、「お名前は？　お国は？　学校は？　趣味は？」とリンの自己紹介の内容をQAで確認する。⑤『メインテキスト』を参考に各自で自己紹介の練習をしてから、クラスで発表する。
留意点：	・趣味の語彙は『文型説明と翻訳』P.22参照。この時点では、自分の趣味だけ言えればよい。

使いましょう ③

ポイント：	他者の紹介ができる
場　面：	マリー・スミスがボランティアの木村洋にキム・ヘジョンを紹介している
新出語：	学校，友達，木村洋
練習の仕方：	①他者紹介のモデルを示す。Tがクラスの友達（S1）を木村役の（S2）に紹介する。Tに「木村さん、S1さんです。学校の友達です。」と紹介する。紹介されたS1は自己紹介し、木村役（S2）は「こちらこそどうぞよろしく。」とあいさつする。┼α クラスの3分の1のSに日本人の名前のシールを渡して日本人という設定にし、3人1組でその日本人に学校の友達を紹介する練習をする。
留意点：	・協力者が得られれば、その協力者に実際にSを紹介する形が望ましい。 ・『メインテキスト』の「学校の友達」の部分は状況に合わせて行うよう指導する。

会話

場　面：	新入生歓迎パーティーでリン・タイとマリー・スミスが話している
新出語：	そうですか。
留意点：	・『メインテキスト』で話の流れを確認した後で、自分自身の内容に変えて練習する。

2

> **到達目標**：身の回りのものの名前が聞ける／言える
> ものの種類・所有者が聞ける／言える
> 日常的な料理を知る

1.
ポイント：	「これ／それ／あれ」
新出語：	これ, それ, あれ, 本, 雑誌, パソコン, 傘, かばん, テレビ, ノート
用意する物：	実物（本, 雑誌, パソコン, 傘, かばん, テレビ, ノートなど）
練習の仕方：	①事前にSに雑誌を渡しておく。TとSから離れたところにパソコンを置いておく。②実物などでものの名前を教える。③Tが、手に持った本、Sの持った雑誌、遠くにあるパソコンをそれぞれ示し、「これは本です。それは雑誌です。あれはパソコンです。」と言って板書する。④同様にノート、本、雑誌などを使って、ペアで言い合って確認する。⑤『メインテキスト』の練習をする。**文型1**

板　書：	あれは　パソコンです。 それは　ざっしです。 これは　ほんです。

留意点：	・「これ、それ、あれ」のどれを使うかは、発話者と聞き手の位置関係によって異なるので、単純にリピート練習をしないこと。 ・板書2　これ／それ／あれは＿＿＿です。

2-1.
ポイント：	日本語で何と言うか聞ける／言える，「何（なん）」
場面：	リン・タイがアラン・マレに日本語で何と言うか聞いている
新出語：	ボールペン, 財布, 新聞, 何
用意する物：	実物（ノート, 新聞, 財布, ボールペン, 雑誌, テレビ, パソコンなど）, ❹文字カード❷記号「？」❼疑問詞「なん」
練習の仕方：	①教室内にいろいろなものを配置しておく。Tが「？」のカードを持って、「これ／それ／あれは何ですか。」と質問し、Sが答える。次にペアで質問し合う。②『メインテキスト』のイラストを見て再度練習する。**文型2**

| 板　書： | A：<u>これ</u>は　 なん です か。 |
| | B：　　　　　<u>さいふ</u>です。 |

留意点：	・TとS、またはペアで質問し合う。
	・「シャープペンシル」をここで教えてもよい。
	・板書2　A：＿＿＿は なん です か。
	B：　　　　＿＿＿です。

2-2.

ポイント：	「それ」と「これ」の使い分けができる
場　面：	ピクニックで友達のお弁当に興味を示している
新出語：	砂糖，塩，しょうゆ，ソース，うどん，そば，水，ジュース，紅茶，コーヒー
用意する物：	実物（砂糖、塩）
練習の仕方：	①Tが塩と砂糖を持参し、S1にどちらか分からないようにして味を見てもらってから、「それは砂糖ですか。」と質問し、S1の「いいえ」の答えを待って、「いいえ、これは砂糖じゃありません。」と答えることを示す。さらに「何ですか。」と聞いて「これは塩です。」というS1の答えが出たら、「これは」という必要がないことを示す。 ＋α Sの持ち物（既習のもの）について、ペアで練習する。②『メインテキスト』に戻って練習をする。
留意点：	・「これは何ですか。」の質問は、日本語で何と言うか分からないときと、中身が見えないなどの理由により実態が分からないときに使う。

3.

ポイント：	カタログなどの種類が聞ける／言える，「何のN」
場　面：	友達の読んでいるカタログに興味を示している
新出語：	カタログ，コンピューター，カメラ，携帯電話，車
用意する物：	❻イラストカード❻カタログ，❻文字カード❶助詞「の」❼疑問詞「なん」
練習の仕方：	①イラストカードのカタログを見せて、「これは〜のカタログです。」と示す。その後、TがSにカタログを配り、カメラのカタログを持っているSに「それは何のカタログですか。」と質問して、Sの答えも含めて板書で確認後、クラス内で自由に聞き合う。②『メインテキスト』のイラストを見て再度練習する。**文型3**

| 板　書： | A：それは　 なん の 　カタログですか。 |
| | B：　　 カメラ の 　カタログです。 |

留意点：	・実物のカタログがあればなおよい。
	・板書2　A：＿＿＿は なん の ＿＿＿ですか。
	B：　　　　＿ の ＿＿＿です。

4.

ポイント：	「このＮ／そのＮ／あのＮ」
場　面：	モーターショーでコンパニオンが説明している
新出語：	この，その，あの，〜製，ドイツ，イタリア，イギリス
練習の仕方：	①『メインテキスト』のイラストを見ながら、「車です。」と示し、「この車、その車、あの車」と位置関係を示しながら「この」「その」「あの」の使い方を教える。②国旗を見て、国名の確認をする。③「この／その／あの車は〜製です。」という言い方を板書する。④『メインテキスト』に戻って練習する。**文型４**

板　書：

$$\begin{bmatrix} \text{この} \\ \text{その} \\ \text{あの} \end{bmatrix}\quad \underline{\text{くるま}}\text{は}\quad \underline{\text{にほんせい}}\text{です。}$$

留意点：	・『メインテキスト』のイラストはコンパニオンから見た位置関係であることに注意する。 ・「この、その、あの」と「これ、それ、あれ」の違いに注意する。 ・「どこ」が未習なので、「どこ製ですか。」という質問はしない。 ・板書２　この／その／あの＿＿は＿＿です。
発展練習：	Ｓの持ち物（携帯電話などの電気製品、かばん、財布など）や外国製（イギリス、イタリア、ドイツ、アメリカ、韓国）の車の写真について「この〜は〜製です。」とお互いに話す。

5.

ポイント：	遠くにいる人物がだれか聞ける，「だれ」
場　面：	パーティーで参加者の名前を友達に聞いている
新出語：	人，だれ，渡辺あき
用意する物：	⒟Ⓐイラストカード❹登場人物，⒟Ⓐ文字カード❷記号「？」❼疑問詞「だれ」
練習の仕方：	①Ｓにその人から遠いところにいる人を示して、「あの人、あの人、Ｓ１さん？　Ｓ２さん？　あの人はだれですか。」と「？」の文字カードを持って質問し、質問文とＳの答えを板書する。その後ペアで質問し合う。②イラストカードの人物名を確認してから、ペアで練習をする。『メインテキスト』P.(10) 参照。**文型５**

板　書：

A：あの　ひとは　 だれ ですか。

B：　　　　　　　リンさんです。

留意点：	・ペアで聞き合う場合、遠くにいる人のことを近くにいる人に尋ねるように指示をする。 ・近くにいる人には本人に直接「お名前は？」と聞くのが自然なので、「こ

の人、その人」では練習せず、「あの人」だけで練習する。

・ここでは「どなた」は教えない。

・板書2　A：＿＿＿は　だれ　ですか。
　　　　　B：　　　＿＿＿　です。

6-1. 📖❓

ポイント：　　　所有者が聞ける／言える，「N1のN2」

場　面：　　　　忘れ物の持ち主を聞いている

用意する物：　　Sから借りたノート、ボールペン、かばんなどの実物，ⒹⒶ文字カード❶助詞「の」❼疑問詞「だれ」

練習の仕方：　　①Sから借りたノート、ボールペン、かばんなどを見せて、Tが「S1さんの〜です。」と言う。それから、SがTの示したものを見て「S2さんの〜です。」と言う。②本、ボールペンなど同種のものだけをSから借りてだれのものか分からない状態を作り、Tが「これはだれの〜ですか。」と質問して、所有者S3が「わたしの〜です。」と答え、S3以外のクラス全体で「S3さんの〜です。」と言う。答えも含めて板書で確認する。③『メインテキスト』に戻ってAはP.11を、BはP.186を開き、所有者を聞き合う。P.9（5）参照。

板　書：　　　　A：　＿＿＿は　だれ　　の　　ノートですか。
　　　　　　　　B：　　　　　リンさん　の　　ノートです。

留意点：　　　　・答えをコーラスするときは、所有者が「（自分の名前）さんのNです」と言わないように気をつける。

・板書2　A：＿＿＿は　だれ　の　　＿＿＿ですか。
　　　　　B：　　　＿＿＿　の　　＿＿＿です。

6-2.

ポイント：　　　所有者を話題にして話せる，「N（人）のです」

場　面：　　　　持ち主を聞いている

新出語：　　　　トム・ジョーダン

用意する物：　　6-1でSから借りた実物，ⒹⒶ文字カード❶助詞「の」❼疑問詞「だれ」

練習の仕方：　　①借りたものをSに渡して「だれのですか。」と質問し、「だれのNですか。」のNが省略できることを示す。②「S1さんのNです。」という答えを「S1さんのです。」と答えてもらい、さらに「それもS1さんのですか。」と質問し、「いいえ、これはS2さんのです。」という答えを導く。③『メインテキスト』で会話の流れを練習してから、自由にクラス内で聞き合う。**文型6**

板　書：	6-1の板書に追加

A：だれ　の　ノートですか。／ だれの です か。
B：リンさんの　ノートです。／リンさんの です。

留意点：
・「それはだれのですか。」の質問と答えは、物の名前が分からなくても言えるので、教室内のものやSの持ち物など何でも使って練習する。
・板書2　A：だれの ですか。
　　　　　B：＿＿の です。

7.

ポイント： 選択疑問の質問ができる／答えられる，「S1か、S2か」

場　面： 分かりにくいものについて聞いている

新出語： シャープペンシル，とり肉，豚肉

練習の仕方： ①イラストを見せて、「これは『ス』ですか『ヌ』ですか。」と聞き、答えを促す。その際、答えに「はい、いいえ」がつかないことを確認する。②ペアで練習する。 +α ノートのような薄い本、本のような厚いノート、シャープペンかボールペンか分からないペン、紅茶かコーヒーか分からないペットボトルなどの実物を見せて、同様に練習する。**文型7**

板　書：
A：これは「ス」ですか、「ヌ」ですか。
B：~~はい、~~「ス」です。

留意点：
・板書2　A：＿＿は＿＿ですか、＿＿ですか。
　　　　　B：~~はい、~~＿＿です。

発展練習： ①Sから実物を借りて「これはS1さんのですか、S2さんのですか。」というQAもできる。②メールアドレスを手書きで書いておき、数字の「1と7」、「4と6」、「1と1（エル）」、「0とO（オー）」、「んとh」などの区別を尋ねてもよい。

使いましょう

ポイント： 日常的な料理を知る，肉の種類が確認できる

場　面： 食堂の前でショーケースを見ながら話している

新出語： 牛どん，牛肉，肉，親子どん，すき焼き，ラーメン，焼肉定食

練習の仕方： イラストを見ながら日本の料理の説明をし、肉の種類も教える。その後、ペアで会話の練習する。 +α Sの国の肉料理の写真を見せて、T「Sさん、これは何ですか。」「～です。」「～？　この肉は何ですか。」「牛肉です。」などと会話する。『文型説明と翻訳』P.28参照。

留意点：
・牛どん、親子どん、すき焼き、ラーメン、焼肉定食は、写真を見せると分かりやすい。

会話

場　面：　　リン・タイがマリー・スミスに学校でCDの種類と所有者を聞いている
新出語：　　CD，〜語
留意点：　　・『メインテキスト』の会話を聞いて練習してから、ペアで実物を使って同
　　　　　　　様の会話を作るとよい。

3

> **到達目標：** どこに何があるか言える
> 値段が聞ける
> 買い物ができる
> 1から万の位までの数字が言える

1-1.・1-2.

ポイント： 学内の場所の名前を知る，学内の場所の確認ができる，「ここ／そこ／あそこ」

場　面： 事務職員が新入生に学内を案内している

新出語： ここ，そこ，あそこ，食堂，受付，〜室，事務室，会議室，コンピューター室，トイレ，図書室，教室，ロビー，違います。

練習の仕方： ①イラストを使って学内の言葉を確認し、「ここは〜です。」と言って板書し、練習をする。②Tが「ここは会議室ですか。」と質問し、Sの答えを待って、「はい、そうです。」と『メインテキスト』の例を板書する。その後、わざと違う場所を指して「ここは会議室ですか。」と聞き、Sの「いいえ」の答えを待って、「いいえ、違います。」と言うことを教え、板書に追加する。質問と答え方を確認してから、ペアで練習する。③「ここ、そこ、あそこ」の位置関係を板書しながら簡単に確認する。P.9（4）**文型1**

板　書： ここは　うけつけです。

A：ここは　かいぎしつですか。

B1：はい、そうです。　B2：いいえ、ちがいます。

発展練習： ①建物の案内図を持って「ここは〜です」と言いながら、実際に学内を回って場所とその名前を確認する。②教室に戻ったら、案内図を見ながら、①と同様に場所の案内をする。『文型説明と翻訳』P.34参照。

留意点： ・この時点では場所の名詞を覚えることに重点を置き、練習は「ここ」だけ行う。「ここ」「そこ」「あそこ」の練習は**2-2**で扱う。
・板書2　ここは＿＿＿です。

2-1.

ポイント： 町の施設の場所が聞ける，「N1はN2（場所）です」

場　面： 町の案内図の前で、行きたいところの場所を確認している

新出語：	郵便局，病院，大使館，銀行，コンビニ，デパート，駅，どこ
用意する物：	**DA**文字カード❼疑問詞「どこ」
練習の仕方：	①『メインテキスト』と同様の地図を板書し、建物の名前を確認する。地図の前に来て、TとSで指さしながら、例の会話を再現する。②ペアで『メインテキスト』を見ながら練習する。 ＋α 世界地図を使って、ペアで「〜さんの国はどこですか。」「ここです。」と指で示す形で質問し合う。

板　書：	A：<u>ゆうびんきょく</u>は 　どこ　ですか。 B：　　　　　　　　　<u>ここ</u>です。

留意点：	・板書2　A：＿＿＿は 　どこ　ですか。 　　　　　B：　　＿＿＿です。

2-2.

ポイント：	ものや人の所在が聞ける，「ここ」「そこ」「あそこ」の使い分けができる
場　面：	図書室で場所を聞いている
新出語：	辞書，地図，コピー機
用意する物：	既習語彙の実物、Sの持ち物
練習の仕方：	会話の場面と内容を理解してから、1）〜6）のBが「ここ」「そこ」「あそこ」のどれになるかを確認する。その後、ペアで練習する。 ＋α ①学内の場所や付近の建物の場所を聞き合い、指で方向を示しながら「あそこです。」と答える。②辞書や地図などの実物や、Sの持ち物を教室に置いて、同様に練習する（語彙の範囲に注意すること）。
留意点：	・このテキストでは、話者と聞き手の位置関係を示す「そこ」は教えるが、少し遠い場所を表す「そこ」は扱わない。
発展練習：	学校周辺の施設のリストと学校周辺の白地図をSに渡して、Sにとって必要な施設（コンビニ、食堂など）を近くの人に聞き、地図に印をつけてくるよう指示する。「すみません。〜はどこですか。ありがとうございます。」を使うことを教える。

2-3. 📖❓

ポイント：	買いたいもののあるフロアが聞ける／言える，「Nは一階です」
場　面：	家電量販店で買いたいものの場所を聞いている
新出語：	冷蔵庫，エアコン，時計，電子レンジ，一階，何〜，何階，ゼロ／零，一〜十，どうも。
用意する物：	**DA**文字カード❾数字
練習の仕方：	①0から10までの数字を教える。②板書で「一階」の言い方を示す。③1〜10の数字カードを使って、ランダムに「一階」の言い方を練習する。『メインテキスト』P.156参照。④イラストの場面を確認し、Aが質問をし、BがP.187を見ながら答える。その際、声をかけるときに「すみません。」、礼を言うときに「そうですか。どうも。」と言うことを教える。P.9（5）参

照。**文型2**

板　書：	1　いっかい	2　　　にかい	3　さんがい
	6　ろっかい	4　よんかい	
	8　はっかい	5　　　ごかい	
		7　ななかい	
		9　きゅうかい	
	10じゅっかい		?　なんがい

留意点：　　　・数字を初めて勉強する場合は、時間を取って十分に練習する。

・Sから質問があれば助数詞の説明をするが、なければ10課でまとめて整理してもよい。

発展練習：　　既習の「傘、かばん」などと家電製品の絵カードの裏にマグネットをつけたものを用意しておく。デパートなどのイラストを板書し、絵カードを張りつけて、ペアで聞き合う。

3. 🔲❓

ポイント：　　物の値段が聞ける／言える，「―円です」

場　面：　　　家電量販店の売り場で値段を聞いている

新出語：　　　洗濯機，百，千，万，―円，いくら，じゃ，～をください。

用意する物：　**DA**文字カード❼疑問詞「いくら」❾数字

練習の仕方：　①数字のカードを使って、百、千、万の位の数字を練習する。②イラストの場面を確認し、Aは『メインテキスト』のP.17を、BはP.187を見ながら値段を聞き合う。P.9（5）参照。**文型3**

板　書：　　　A：この　テレビは　いくら　ですか。
　　　　　　　B：　　　　　　25,000えんです。

留意点：　　　・数字の練習に十分時間をかけておくとインフォメーションギャップが順調に進む。

・買わないときの「そうですか。」（**使いましょう**で学ぶ。）をここで教えてもよい。

・スーパー、家電量販店のちらしなどで値段の読み方の練習すると、Sの興味を引くことができる。

・板書2　A：＿＿は　いくら　ですか。
　　　　　　B：　　　　　＿＿えんです。

発展練習：　　実際の家電量販店、スーパーなどのちらしなどを使って聞き合う。

4.

ポイント：　　生産地、製造会社名が聞ける／言える，「どこのN」

場　面：　　　商品の生産地を聞いている

新出語：	お茶，ワイン，ビール，チョコレート，おいしいですね。，サントリー，ロッテ
用意する物：	身近なもの（コーヒー，ラーメン，チョコレートなど），**DA**文字カード**❶**助詞「の」**❼**疑問詞「どこ」
練習の仕方：	①身近なものを例にして「これはどこのコーヒーですか。」「ベトナムのコーヒーです。」などと生産国や会社を聞くとき「どこの」を使うことを板書で示す。Sはペアで、身の回りのものの生産国や会社名を聞き合う。②イラストを見て、Aがおいしそうに飲むようすを示し、「おいしいですね。」ということを教え、『メインテキスト』の練習をする。**文型4**

板　書：	A：これは　　どこの　コーヒーですか。
	B：　　　　ベトナムの　コーヒーです。

留意点：	・「おいしいですね。」はここでは表現として扱い、イントネーションに注意して教える。助詞「ね」は7課で学習する。
	・「どこの」と「〜製」の違いを聞かれたら、農産物などは「〜製」と言わないと答える。
	・板書2　A：これは　　どこの　＿＿＿＿ですか。
	B：　　　　＿＿の　＿＿＿＿です。

使いましょう 📖❓

ポイント：	生産地、値段を聞いて買うかどうか決められる
場　面：	フリーマーケットで品物について聞いている
新出語：	掃除機，ポット，靴，ナイキ，アップル，キヤノン
練習の仕方：	①イラストがフリーマーケットであることを確認する。②学習者をペアにして、Aは『メインテキスト』P.18を、BはP.188を見る。まずAがBに1）〜4）の国と値段を尋ね、次にBがAに5）〜8）の国と値段を尋ねる練習をする。P.9（5）参照。
留意点：	・フリーマーケットの写真を見せるとイメージがわく。
	・『メインテキスト』の価格はフリーマーケット価格である。
	・「これをください。」「それをください。」の「これ」と「それ」が表す位置関係に注意を喚起する。
発展練習：	ペアまたはグループで買い物をする練習をする。

会話

場　面：	ポン・チャチャイが道でみどり大学の場所を尋ねている
新出語：	ゆり大学

33

4

> **到達目標：** 日常的な行動について話せる
> 　　　　　行動する場所が聞ける／言える

1-1.

ポイント： 動詞

新出語： 食べます，飲みます，買います，書きます，聞きます，見ます，読みます，します

用意する物： ⓓⓐイラストカード❶動詞

練習の仕方： ①イラストカードで動詞を示す。②『メインテキスト』P.199のチャートを使ってペアで再確認しながら動詞を覚える。③Ｓから覚えた動詞を聞き出し、右側に板書する。

板　書：

> たべます
> のみます……

留意点： ・『文型説明と翻訳』の語彙の動詞にはⅠ、Ⅱ、Ⅲのグループを表す数字が書いてあるが、特に説明はしない。質問があったら13課のあとで勉強すると伝える。

1-2.

ポイント： 「ＮをＶます」

新出語： パン，果物，野菜，カレー，牛乳，映画，音楽

用意する物： ⓓⓐ文字カード❶助詞「を」

練習の仕方： ①新出語も含めて、イラストの名詞を確認しながら、**1-1**で書いた動詞の左に板書する。②「パンを食べます」などと例を示して、助詞「を」のカードを張って「を」を使うことを教える。ペアで自由にマッチングし、作った文を発表する。

板　書：

パン・ワイン・しんぶん……　を

> たべます
> のみます……

留意点： ・「を」は「お」と発音し、助詞のときにだけ使うことを教える。
・Ｔが発話するとき、助詞「を」を強調しすぎないように注意する。
・この時点では言葉を覚えることとそれを表記することが大切。できるだけ多くの文を作って、書くようにするとよい。

1-3.

ポイント： 「何をVますか」

新出語： 何（なに），魚

用意する物： DA文字カード❷記号「？」❼疑問詞「なに」

練習の仕方： ①Tが「？」の文字カードを持って、「パン？　カレー？　ラーメン？　何を食べますか。」と質問し、Sは**1-2**のイラストから自由に選んで答える。板書で確認後、**1-2**のイラストを見て、ペアで聞き合う。**文型1**

板　書：

A：[なに] を　たべますか。
B：パン を　たべます。

留意点：

・Sの「なに」の発音が「なん」になっていないか注意する。
・「なに」と「なん」の使い分けの質問が出たら、P.147を参考に説明するか『文型説明と翻訳』P.39を参照させる。
・必要なら、動詞のイラストカードを使って、学習者の発話を助ける。

1-4.

ポイント： 「S1。それから、S2。」

新出語： テニス，宿題，ジョギング，サッカー，ゲーム，今晩，それから

新出項目： ①テニスをします。それから、テレビを見ます。

用意する物： DA文字カード❷記号「→」❻文型「それから」

練習の仕方： ①「今晩何をしますか。」と質問し、「音楽を聞きます。」「テレビを見ます。」などの答えを引き出す。それから１人のSの答えを取り上げて、どちらを先にするか聞いて、文字カードの「→」を見せ、「それから」を使うことを示す。②イラストを見て、「テニスをします。」と言い、「→」を見せて「それから」と言うことをSから引き出し、板書で確認後、ペアで練習する。

板　書：

A：こんばん　なにを　しますか。
B：テニスを　します。[それから]、テレビを　みます。

留意点： ・「何をしますか。」の答えには「します」を使わなければならないと思っていたり、「食べますをします」のように誤解するSもいるので、確認を兼ねて初めに「何をしますか。」「～ます。」だけの練習をするとよい。

発展練習： 「あした、あさって」の言葉を教え、自由に予定を聞き合ってもよい。

2-1.

ポイント： 「Vません」

用意する物： DAイラストカード❶動詞，DA文字カード❷記号「×」❻文型「ます」「ません」

練習の仕方： ①「Sさんは、魚を食べますか。」と質問し、「はい」の答えなら、「はい、食べます。」、「いいえ」のときは、「いいえ、食べません。」と言うように促

し、板書で確認する。②イラストカードに「×」の文字カードを添えて、「〜ません」と言う練習をする。P.8（2）参照。

板　書：　　たべ ます
　　　　　　　　たべ ません 。

2-2. 🎤
ポイント：　するかしないか、聞ける／言える
新出語：　（お）酒，クラシック，ジャズ＊，ロック＊，J-ポップ＊，手紙
練習の仕方：　①TがSに「魚を食べますか。」と聞き、Sの答えを聞いて、板書する。②『メインテキスト』のイラストを見て、質問文を確認する。③例のようにペアでインタビューする。その際、同じ人に質問しないことと、必ず相手の名前を（　　　）に記入することを指示する。P.9（5）参照。**文型2**

板　書：　　A：（B）さんは　さかなを　たべますか。

　　　　　　　　B1：はい、たべます。　　　B2：いいえ、たべません。

留意点：　・Sがインタビューするときに、文型を正しく使っているか注意する。
　　　　　　・答え方は「いいえ、食べません。」と簡潔に答えるように指示する。

3.
ポイント：　「何もVません」
場　面：　仙人が瞑想している
用意する物：　DA文字カード❶助詞「も」❻文型「ません」
練習の仕方：　イラストを見て、「りんごを食べません。パンを食べません……。何も食べません。」と教え、板書で確認し、練習する。**文型3**

板　書：　　なに も　　たべ ません 。

4-1.
ポイント：　「N（場所）でVます」
新出語：　お金，切手，図書館，公園，うち，下ろします［お金を〜］
用意する物：　DA文字カード❶助詞「で」
練習の仕方：　①イラストを見て、「銀行ですね。何をしますか。」と質問し、「お金を下ろします。」という答えを待って、「銀行でお金を下ろします。」と言うことを教え、板書で確認する。さらに、「どこでお金を下ろしますか。」と聞き、「コンビニで」「郵便局で」などの答えを引き出す。②イラストを見て練習する。＋α 場所を表す既習語彙を板書したり、イラストカードを使ったりして、「〜で何をしますか。」とペアで聞き合う。

| 板　書： | ぎんこう で　おかねを　おろします。 |

4-2.

ポイント：	日常の動作をする場所について話せる
場　面：	日常的な行動を、どこでするか聞いている
新出語：	レストラン，スーパー，〜屋，パン屋，昼ご飯，朝ご飯＊，晩ご飯＊，ご飯＊，いつも
用意する物：	カレンダー
練習の仕方：	①『メインテキスト』の下のイラストを見て、店などの語彙の確認をする。②「いつもどこで昼ご飯を食べますか。」と質問をして、Sが「〜で食べます。」と答えたら、カレンダーの日付を数日分指さしながら、「食べます、食べます」と言い続け、「いつも」の意味を示す。③『メインテキスト』を参考に、ペアで会話を進め、「S1さんは？」と聞き返すことも指示する。 **文型4**
留意点：	・イラストの中に新出語が多いので、注意する。 ・Aの答えが同じ場合「わたし<u>も</u>」となるので、注意を喚起する。

使いましょう🎤💻🔊

ポイント：	日常生活についてインタビューして、発表できる
新出語：	卵，（お）弁当，料理，毎朝，毎晩＊，毎日＊，時々，質問
新出項目：	②パンと野菜を食べます。
用意する物：	DA文字カード❶助詞「と」
練習の仕方：	①「毎朝何を食べますか。」と質問し、2つ以上のものを食べるSがいたら、「パンと卵を食べます。」の助詞「と」を教えて、少し練習する。②「料理をしますか。」と質問し、「はい」と答えたSに「いつも料理をしますか。」と重ねて聞き、「いつもじゃないが」と言いたそうなようすのSがいたら、「時々します。」と言うことを教える。③クラス内でインタビューし、結果を『メインテキスト』にメモする。④『メインテキスト』の発表例を参考にしながら、自分のインタビュー結果をまとめて書く。⑤クラスかグループ内で発表する。P.9（5）（7）、P.10（8）参照。
板　書：	パン と　たまごを　たべます。

会話

場　面：	キム・ヘジョンとトム・ジョーダンが学校の帰りに翌日の予定を話している
新出語：	あした，今日＊，あさって＊
留意点：	・ペアで「Sさん、あした何をしますか。」など会話と同じように質問し、会話の流れが身につくようにするとよい。

37

5

> **到達目標**：曜日、時刻が聞ける／言える
> 公共機関の営業時間やイベントの実施時間が聞ける／言える
> 過去の行動について聞ける／言える

1-1.

ポイント：	時刻（―時）が言える
新出語：	―時，何時
用意する物：	『メインテキスト』**はじめましょう**の**3-1**，**DA**文字カード**❽**時刻 1:00 など
練習の仕方：	①『メインテキスト』**はじめましょう**の**3-1**を見て、時刻の言い方を確認後、時刻のカードを使って練習する。『メインテキスト』P.153の表で確認するとき、「何時」も教える。
留意点：	・4時、7時、9時は言い方を間違えやすいので、板書するなどして注意を喚起する。 ・大きい時計（針を動かせるもの）を使うと、はっきり分かってよい。

1-2.

ポイント：	時刻（―分）が言える
新出語：	―分，何分＊
用意する物：	**DA**文字カード**❾**数字
練習の仕方：	①『メインテキスト』P.153の表で「分」と「何分」の言い方を確認する。 ②言い方の違いを板書で再確認後、数字のカードで練習する。

板　書：	ふん　　2、5、7、9
	ぷん　　3、4、なん
	っぷん　1、6、8、10

留意点：	・Sによっては、1分、2分、3分は示すだけにとどめ、5分、10分、15分…の練習でもよい。

1-3.

ポイント：	―時―分が言える，「―時―分」
新出語：	―時半
用意する物：	**DA**文字カード**❽**時刻 1:30 2:03 など
練習の仕方：	①『メインテキスト』を見て、時刻の言い方を練習する。このとき「30分」を「半」ということも教える。②時刻のカードで練習する。

板　書：	<u>9じ</u>　<u>10ぷん</u>です。

留意点：	・「30分」と「半」のどちらを使ってもよいが、「半」の文中での位置に注意を促す。

1-4. 📖❓

ポイント：	海外の現地時間が聞ける／言える，「午前―時」，「午後―時」
場　面：	電話で現地時間を聞いている
新出語：	今，午前，午後，もしもし，ロンドン，ペキン，東京，シカゴ，ニューヨーク，カイロ，バンコク，シドニー，サンパウロ
用意する物：	**DA**文字カード❼疑問詞「なんじ」❽時刻 14:15 など
練習の仕方：	① 14:15 などの時刻のカードで、午前と午後を教え、練習する。その際「午前、午後、半」の文中での位置に注意を促す。②イラストを見て、電話では「もしもし」と呼びかけることを教える。都市名を確認後、それぞれ知っている情報を伝え合う。P.9（5）参照。 +α Tが「東京は今―時です。（Sの出身）は今何時ですか。」と質問する。ペアでも聞き合う。**文型1**

板　書：	A：<u>ロンドン</u>は　いま　<u>なんじ</u> ですか。
	B：　　　　　　　　<u>ごご11じ</u> です。

2.

ポイント：	起床就寝時刻が言える，「N（時刻）にVます」
新出語：	起きます，寝ます
用意する物：	**DA**イラストカード❶動詞「起きます」「寝ます」，文字カード❶助詞「に」
練習の仕方：	①イラストカードで「起きます、寝ます」を教えてから、「リンさんは7時20分に起きます。」と言って、時刻のあとに助詞「に」をつけることを板書で示す。「寝ます」も同様に板書する。②『メインテキスト』の練習後、ペアで各自の起床、就寝時間を言い合う。**文型2**

板　書：	<u>リンさん</u>は　<u>7じ20ぷん</u>に　おきます。
	<u>11じ30ぷん</u>に　ねます。

3-1.

ポイント：	身近な生活場面で行動時間帯が言える，「N1からN2まで」
新出語：	勉強します，研究します，働きます，泳ぎます，～から，～まで
用意する物：	カレンダー，**DA**イラストカード❶動詞，**DA**文字カード❶助詞「から」「まで」
練習の仕方：	①動詞のイラストカードで動詞を教える。②『メインテキスト』のイラストの人物名と動作を確認し、時間帯を「～から～まで」で表すことを板書で確認してから、練習する。

39

板　書：	8:00 ～ 11:00

　　　　　　　マリーさんは　8じ　から　11じ　まで　べんきょうします。

留意点：	・板書する時刻はクラスの実情に合わせてもよい。
発展練習：	動詞のイラストカードを使って、何時から何時までするかを聞き合う。

3-2. 🎤

ポイント：	日常生活について聞ける、言える，「に」と「～から～まで」の使い分けができる
新出語：	インターネット
用意する物：	ⒹⒶ文字カード❶助詞「に」「から」「まで」
練習の仕方：	①シートの「：」が「～時に」、「─」が「～時から～時まで」であることを確認し、きちんと使い分けられるように注意を促す。②質問文を全員で確認後、ペアでインタビューする。P.9（6）参照。

板　書：	A：まいあさ　なんじ　に　おきますか。
	B：　　　　　7じはんに　おきます。

　　　　　　　A：まいばん　なんじ　から　なんじ　まで　べんきょうしますか。
　　　　　　　B：　　　　　9じから　　　12じまで　べんきょうします。

3-3.・3-4.

ポイント：	公共機関、商店などの営業時間が聞ける／言える
用意する物：	ⒹⒶ文字カード❶助詞「から」「まで」❻文型「です」
練習の仕方：	①3-3のイラストを見て、何を表すか確認してから、全文を練習する。②Sの国ではどうか、ペアなどでインタビューし合ってもよい。**文型3**

板　書：	ぎんこうは　9じ　から　3じ　まで　です。

留意点：	・「～から～までV」と「～から～までです」の違いを聞かれたら、「学生は～から～まで勉強します。」「学校は～から～までです。」と答える。
	・ここで曜日を教えて練習に使ってもよい。

3-5. 📖❓

ポイント：	イベントの開始時刻／終了時刻が聞ける／答えられる
場　面：	市民センターに電話でイベントの開始時刻と終了時刻を問い合わせている
新出語：	コンサート，説明，～会，説明会，終わります，始まります＊，文化センター，映画会
用意する物：	ⒹⒶイラストカード❶動詞「終わります」「始まります」，ⒹⒶ文字カード❶助詞「に」「から」「まで」
練習の仕方：	①『メインテキスト』のイラストを見て、状況を確認する。②イラストカー

ドで「始まります」「終わります」を教え、「～から～までです」と「～時に始まります・終わります」を板書で確認する。③Aは『メインテキスト』のP.29を、BはP.189を見ながら会話の流れに沿って、お互いに知っている情報を伝え合う。P.9（5）参照。

板　書：　　なんじ から ですか。／なんじ に　　はじまりますか。
　　　　　　　　なんじ まで ですか。／なんじ に　　おわりますか。

留意点：　　・「から」「まで」と「に」の使い分けに注意する。「何時からですか。」と「何時に始まりますか。」はどちらを使ってもよい。

発展練習：　地域のイベント、コンサートのチケット、フリーマーケットなどの実際の情報を使って活動してもよい。漢字圏と非漢字圏のSをペアにすると、助け合える。

4-1.
ポイント：　「Vました」
新出語：　　入ります，休みます，作ります
用意する物：　🅐イラストカード❶動詞，🅐文字カード❸動詞❻文型「ます」「ました」
練習の仕方：　①「わたしは毎朝、ご飯を食べます。今日パンを食べました。」と語尾を強調しつつ繰り返し、過去の行動は「～ました」を使うことを教えて板書する。②文字カード、イラストカードなどで、「～ました」の練習をする。P.8（2）参照。

板　書：　　まいあさ　ごはんを　たべ ます 。
　　　　　　　　きょう　　　パンを　たべ ました 。

4-2.
ポイント：　時間を表す語彙とともに過去の行動について話せる
場　面：　　レ・ティ・アンが先週の行動について話している
新出語：　　メール，パーティー，先週，今週＊，来週＊，毎週＊，月曜日，火曜日，水曜日，木曜日，金曜日，土曜日，日曜日，何曜日＊
用意する物：　カレンダー
練習の仕方：　①カレンダーを使って、曜日を教える。さらに先週、今週、来週、毎週の語彙を教える。『メインテキスト』P.153参照。②イラストの動詞を確認してから、練習する。 ＋α 「先週の金曜日何をしましたか。」など、先週の行動についてTがSに聞く。次にペアで聞き合う。**文型4**
留意点：　　・曜日には助詞「に」をつけない形で練習する。
　　　　　　　　・「しませんでした」はまだ学習していないので、質問文は「何をしましたか。」にとどめる。
発展練習：　①Tが「毎週テニスを……」「先週映画を……」のように文の途中で止め、Sが「します」「見ました」のように動詞の部分を考えて言う。この方法だ

41

と、動詞の選択と時制が一度に練習できる。TがSに質問、その後、ペアで練習する。

5-1.
ポイント：	「Vませんでした」
用意する物：	**DA**イラストカード**❶**動詞，**DA**文字カード**❸**動詞**❻**文型「ました」「ませんでした」
練習の仕方：	①「朝ご飯を食べましたか。」と話しかけて、「はい、食べました。」「何を食べましたか。」「パンを食べました。」などと話を進め、「いいえ」のSがいたら、「食べませんでした。」と言うことを教え、板書する。②文字カード、イラストカードなどで、「〜ませんでした」の形を練習する。P.8(2)参照。**文型5**

板　書：	あさごはんを　たべ ました 。 あさごはんを　たべ ませんでした 。

5-2.🎤

ポイント：	過去の行動について聞ける／言える
新出語：	文法，会話，昨日，おととい＊，練習します
練習の仕方：	①「昨日テレビを見ましたか。」などと質問し、「はい」と「いいえ」の答え方を確認する。②既習の動詞をSから引き出し、時を表す新出語の確認をしてから、「昨日果物を食べましたか。おとといお酒を飲みましたか。」など、ペアで自由に聞き合う。③Tが「昨日宿題をしましたか。」と聞き、「はい」と「いいえ」の答え方を板書で確認する。**5-2**の質問文を読み、新出語を確認してから、インタビューする。P.9(4)、(6)参照。

板　書：	Ａ：しゅくだいを　しましたか。 Ｂ１：はい、しました。　　　Ｂ２：いいえ、しませんでした。
留意点：	Sから引き出した既習の動詞は、必要ならペアで聞き合うときの参考のために板書しておくとよい。

使いましょう 1 👥

ポイント：	過去の行動について読める／言える
新出語：	定食，アルバイト，朝，今朝＊，昼＊，晩＊，夜＊，〜ごろ
新出項目：	①12時ごろ寝ました。
練習の仕方：	①各自『メインテキスト』を読んで、リンのスケジュール表を作成し、クラスで確認する。②同様に各自、昨日のスケジュールを書く。③書いたスケジュールをもとにして発表する。 **+α** スケジュールをもとに、ペアで質問し合ったり作文を書いたりしてもよい。『メインテキスト』P.153参照。

使いましょう ②

ポイント：	既習の項目を適切に使ってインタビューして、発表できる
場　面：	インタビュアーがすばる山にインタビューしている
新出語：	(お)風呂，お相撲さん，―歳，何歳，モンゴル，すばる山
練習の仕方：	①年齢の言い方を練習する。『メインテキスト』P.156参照。②相撲を紹介してから、「お相撲さんは何時に起きますか。」「何時に朝ご飯を食べますか。」などと質問し（正解は知らなくてよい）、興味を引き出す。『文型説明と翻訳』P.47 **2**参照。③質問文を練習後、ペアで役割を決め、インタビュアーは『メインテキスト』P.31を、お相撲さんはP.190を見ながらインタビューのやり取りをする。P.9（6）参照。
留意点：	・番付表、取組、生活ぶりの写真や映像を見せるとイメージが膨らむ。 ・Aのすばる山、Bのインタビュアーのどちらをしたいか希望を聞いて、役割を意識させながら行うとよい。
発展練習：	禅僧・野球選手・有名人などの写真を用意して、同様にインタビュー活動をしても面白い。

会話

場　面：	キム・ヘジョンがオーストラリアの日本語学校の学生とリモート会議で話している
新出語：	漢字，皆さん，おはようございます。
用意する物：	リモート会議の写真
留意点：	・リモート会議をした経験があるか、いつ、どんな話をしたかなど尋ねて、興味を喚起してからテキストを使うとよい。

6

> **到達目標**：いつ、どこへ、何で、だれと行くかが言える
> 日付、誕生日が言える
> 誘うことができる

1-1.

ポイント： 「N（場所）へ行きます／帰ります」

新出語： 行きます，帰ります，北海道

用意する物： 🄓🄐イラストカード❶動詞「行きます」「帰ります」❺世界地図，🄓🄐文字カード❶助詞「へ」

練習の仕方： ①イラストカードで「行きます」「帰ります」を教える。世界地図のアメリカを指さし、「アメリカへ行きます。」と例を示し、板書する。②Sから場所を示す既習の語彙を引き出して板書する。「うち、寮、国」などの「帰ります」と共に使うものが出たら、「行きます」と共に使うものと分けて書いておく。③板書を見ながら、自由に「〜へ行きます。」と言い合う。④「うち・寮・国」を指して、「〜へ帰ります。」を教える。⑤『メインテキスト』のイラストを見て、練習する。

板　書：　アメリカ へ　いきます。
うち へ　かえります。

> ぎんこう・しょくどう……

> うち・りょう……

留意点：　・「へ」は「え」と発音することを教える。
・場所を表す既習の語彙すべてを出す必要はない。
・Sから「教室、学校」の言葉が出たら、隅に板書するにとどめ、**2-2**の「来ます」で使用する。

1-2.

ポイント： スケジュールが聞ける／言える，「N（場所）へ行きます」

新出項目： ①どこへも行きませんでした。

練習の仕方： ①曜日（5課）を復習してから「先週の〜曜日どこへ行きましたか。」と質問する。**1-1**の板書を利用してもよい。②例）〜6）のイラストと『メインテキスト』P.191のイラストを確認し、その際に2）と5）は「土曜日どこへも行きませんでした。」と言うことを教える。③Aは6）日曜日の、Bは3）木曜日の空欄を自由に埋めて、ペアで練習する。P.9（5）参照。**文型1**

2-1. 🎤

ポイント：	日付、誕生日が聞ける／言える，「―月―日」
新出語：	誕生日，いつ，―月，何月＊，―日，何日＊，１日～10日，14日，20日，24日
用意する物：	カレンダー，**DA**文字カード**❷**記号「？」**❼**疑問詞「いつ」**❾**数字
練習の仕方：	①カレンダーで「―月」を教える。②「―日」を教え、数字カードで十分練習する。③「？」のカードを持って、Ｓに「誕生日はいつですか」と質問し、質問と答えを板書で確認してから『メインテキスト』のインタビューを行う。**＋α** クラス内で誕生日の早い順に並ぶのも面白い。

板　書：	Ａ：たんじょうびは　　 いつ 　　　　ですか。
	Ｂ：　　　　　　　　　　３がつよっかです。

発展練習：	①Ｔは１枚ずつ紙を配る。②Ｓは自分の誕生日を記入する。③Ｔは全員の紙を集めてシャッフルし、Ｓに１枚ずつ渡す。④Ｓは「誕生日はいつですか。」と聞いて回って、その誕生日の人を探す。P.9（5）、『メインテキスト』P.154参照。
留意点：	・「４月、７月、９月」「１日～10日」の言い方に注意する。
	・日付は31日まで一度に教えず、５日ごとなどに分けるとよい。
	・「何月何日ですか。」を教えて、「いつですか。」の代わりに「何月何日ですか。」を使ってもよい。
	・日付の言い方の練習として、『文型説明と翻訳』P.55を使ってもよい。

2-2.

ポイント：	「Ｎ（日付）に来ます」
新出語：	来ます
用意する物：	**DA**イラストカード**❶**動詞「来ます」，**DA**文字カード**❶**助詞「へ」「に」**❼**疑問詞「いつ」
練習の仕方：	①「来ます」のイラストカードを見せ、「ここは教室です。教室へ来ました。」と言いながら、実際に教室の外から教室に入り、「来ます」と「行きます」の視点の違いを板書で示す。②「Ａさんはいつ日本へ来ましたか。」と質問する。Ｓの答えを待って、「―月―日」のあとに助詞「に」がつくことを教える。③その後、『メインテキスト』のカレンダーは左上が月、右下が日にちを表すことを確認して、練習する。**文型2**

板　書：　　　きょうしつ へ　きました。

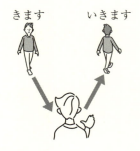

　　　　　　　Ａ：Ｓさんは　 いつ 　　　にほんへ　きましたか。
　　　　　　　Ｂ：　　 ９がつ30にち に 　　　　　きました。

2-3.
ポイント：　　行く予定が聞ける／言える，時を表す「に」が適切に使える
新出語：　　　来月，今月＊，先月＊
用意する物：　🎴文字カード❶助詞「に」「 に 」
練習の仕方：　①時を表す既習の語彙（今晩・毎朝・昨日・来週・〜年・〜月・〜日など）をＳから引き出し、「に」がつく語彙と「に」がつかない語彙に分けて板書する。新出語の「先月、今月、来月」を教えて、板書に追加する。何月何日も追加する。②板書を見ながら、『メインテキスト』をペアで練習する。　＋α 練習の冒頭に「どこへ行きますか。」「〜へ行きます。」を加えて、ペアで自分のことを話す。

板　書：
```
こんばん・きょう・まいあさ
せんげつ・こんげつ・らいげつ      に
いつ
```
```
１がつ・２がつ
２じ                              に
なんがつ・なんにち
```

　　　　　　　Ａ：　　　 いつ ✗ 　たいしかんへ　いきますか。
　　　　　　　Ｂ：４がつ26にち に 　　　　　　いきます。

留意点：　　・板書を見て「に」の有無を意識するように注意を促す。

2-4. 🎤
ポイント：　　来日した日を話題にしてインタビューできる
新出語：　　　去年，今年＊，来年＊
練習の仕方：　内容を確認後、インタビューする。P.9（6）参照。 ＋α 「いつ国へ帰りま

すか。」という質問も行う。

3-1.

ポイント： 「N（交通手段）で行きます」

新出語： バス，飛行機，電車，自転車，歩いて

用意する物： ⒹⒶ文字カード❶助詞「で」「を」

練習の仕方： ①『メインテキスト』のイラストを見て、乗り物を表す語彙と「歩いて」を確認する。②「トムさんは北海道へ行きます。飛行機で北海道へ行きます。」と言いながら、助詞「で」で表すことを板書で確認する。『メインテキスト』の練習をする。**文型3**

板　書： トムさんは　ひこうき で　ほっかいどうへ　いきます。
　　　　　 あるいて を

留意点： ・「歩いてで」とならないように注意する。
　　　　　 ・「北海道へ飛行機で行きます。」など語順が変わる場合もあるが、ここでは手段・場所の順で練習する。

3-2.🎤

ポイント： 交通手段についてインタビューできる，「N（交通手段）で行きます／来ます／帰ります」

新出語： 地下鉄

用意する物： ⒹⒶ文字カード❼疑問詞「なん」

練習の仕方： ①Tが「Sさん、何で学校へ来ますか。」と聞いて、答え方も確認してからインタビューする。P.9（6）参照。 **＋α** 週末の予定を話題にし、外出するSがいたら、「どこへ行きますか。」「何で行きますか。」「何時に帰りますか。」など自由に質問し合う。

板　書： A： なん 　で　がっこうへ　きますか。
　　　　　 B：ちかてつで　　　　　　 きます。

留意点： ・交通手段を問うとき「なにで」を使い、理由を問うときに「なんで」を使い、「なに」と「なん」を区別することもあるが、「なにで」と「なんで」との区別が学習者にとって負担なため、ここでは「なんで」を使用する。

4-1.

ポイント： 「N（人）とV」

場　面： だれと何をしたか聞いている

新出語： 一人で

用意する物： ⒹⒶ文字カード❶助詞「と」「を」

練習の仕方： ①「昨日どこへ行きましたか。」と聞き、「友達？　先生？　S2さん？」と

言って同行者がいたかどうか聞き、Sの答えを板書する。②1）〜4）の
イラストの内容と「だれと〜ましたか。」の疑問文を確認後、ペアで役割を
交代して練習する。 ＋α 「日曜日、何をしましたか。」「だれとしました
か。」とペアで質問し合い、「Sさんは〜さんと〜をしました。」と聞いた内
容を発表する。**文型 4**

板　書： A：だれ　　　 と 　スーパーへ　いきましたか。
　　　　　 B1：ともだち と 　　　　　　　 いきました。
　　　　　 B2：ひとりで と

留意点： ・「一人でと」にならないように注意する。
　　　　 ・「行く／来る／帰る」だけでなく、「テニスをする」「ビールを飲む」など
　　　　 いろいろな行動について練習する。

4-2.

ポイント： 週末の行動について読める／言える
新出語： 動物園，パンダ，サラダ，週末
練習の仕方： ①各自『メインテキスト』の文を読む。P.10（8）参照。②TがS数人に週
　　　　　　 末の行動を尋ねる形で書く内容を確認する。③Sは週末のことを各自作文
　　　　　　 する。P.10（9）参照。④書いたものを発表する。P.9（7）参照。
留意点： ・週末に限らず、思い出に残っていることを作文にしてもよい。

5.

ポイント： 友達が誘える，「Vませんか」
新出語： ケーキ，プール，食事します，一緒に，ええ，いいですね。すみません。
　　　　 ちょっと……。
用意する物： コーヒーカップ，**DA**文字カード**6**文型「ませんか」
練習の仕方： ①コーヒーカップを持ってSに近づき、一緒にする点を強調しながら、「一
　　　　　　 緒、一緒、一緒にお茶を飲みませんか。」と誘い、Sの反応を見て、OKの
　　　　　　 ようすだったら「ええ、いいですね。」、難色を示したら「すみません。ち
　　　　　　 ょっと……」と答え方を示して、板書する。②『メインテキスト』のイラ
　　　　　　 ストを見ながらペアで練習する。 ＋α 自由にクラス内を歩き回って、友
　　　　　　 達を誘い合う。P.9（4）参照。**文型 5**

板　書： A：いっしょに　おちゃを　のみ ませんか。

　　　　 B1：ええ、いいですね。　　　 B2：すみません。ちょっと……。

発展練習： ディズニーランドや京都など場所の写真や、コンサート、スポーツのチケ
　　　　　 ットなどを用意して誘い合うと楽しめる。

使いましょう
ポイント：	旅行について話せる
場　面：	夏休みの旅行計画を話している
新出語：	ドライブ，（お）祭り，バイク，花火，（お）寺，新幹線，温泉，船，夏休み，冬休み＊，札幌，仙台，横浜，名古屋，京都，大阪，広島，別府，大阪城，原爆ドーム
練習の仕方：	①日本地図、観光地情報を見せて、興味を喚起する。『メインテキスト』見返し参照。②クラスでイラストの地名、交通手段、行動内容の語彙を確認し、会話の流れを示す。その際、ポイントを板書する。Sはペアで練習する。 +α 冬休みや夏休みなどの長期の休みのスケジュールを自由に考え、ペアで旅行計画について質問し合う。その後、相手から聞いた計画の内容をまとめて発表する。
板　書：	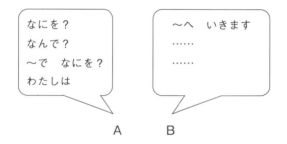
留意点：	・1）は「札幌でドライブする」、2）は「仙台でお祭りを見る」のイラスト。 ・旅行パンフレットや写真、観光地の映像などを見せるとよい。 ・クラスで、人気スポットベスト 3、ユニークな旅ベスト 3 などを決めるのも楽しい。

会話
場　面：	マリー・スミスと田中正男が週末何をするか話している
新出語：	高校生，会います，今度，〜とき，〜，田中正男
留意点：	・ここでは「とき」は「N＋とき」の用法に限定し、語彙レベルで扱う。文法項目としては初級 2 の 26 課で扱う。

まとめ1

> **到達目標：**基本的な助詞、疑問詞の用法
> 　　　　　「Vます」の活用の整理
> 　　　　　時を表す言葉のまとめ

1.

ポイント：　　助詞の整理と復習

新出語：　　りんご，まとめ，おやすみなさい。

場　面：　　キム・ヘジョンの1日の生活を話す

練習の仕方：　①助詞を（　　）に記入して、文を読んで確認する。+α 一日の生活を書いて発表する。

2.

ポイント：　　疑問詞の整理と復習

用意する物：　❶文字カード❷記号「？」

練習の仕方：　①「？」のカードを見せながら、「月曜日、火曜日？　何曜日ですか。」と例を示す。1つずつ疑問詞を確認する。+α クラスをいくつかのグループに分けて「（今日／明日）は何曜日ですか。何曜日から何曜日まで勉強しますか。何曜日アルバイトをしますか。」など、1つの疑問詞でたくさんの疑問文を作る競争をする。

3.

ポイント：　　「Vます」の現在、過去の肯定形、否定形の確認

4.

ポイント：　　時を表す言葉の復習

練習の仕方：　+α 時を表す言葉を使って、「昨日の午後、新宿のデパートで中国のお茶と韓国のチョコレートを買いました。」など、できるだけ長い文をグループで作る。

7

> **到達目標：**形容詞を使って人・ものの状態が描写できる
> 　　　　　印象が話せる

1-1.

ポイント：　　形容詞

新出語：　　　大きい，小さい，新しい，古い，面白い，高い，低い＊，安い，楽しい，いい，おいしい，難しい，青い，広い、狭い＊、元気[な]，親切[な]，簡単[な]，きれい[な]，にぎやか[な]，静か[な]，便利[な]，有名[な]，形容詞＊，名詞＊，動詞＊

用意する物：　ＤＡイラストカード❷形容詞

練習の仕方：　①イラストカードで形容詞を覚える。＋α 記憶に結びつけるために、イラストカードでかるた取りをしたり、その言葉をノートに書いたり、また、覚えた形容詞を板書するなどのさまざまな方法で練習する。

留意点：　　　・少しずつ分けて教えると負担が少なく、その後の練習がスムーズに楽しくできる。

　　　　　　　　・このテキストでは、形容詞をい形容詞、形容動詞をな形容詞と呼ぶ。い形容詞、な形容詞の区別については**2-1**で扱う。

1-2.

ポイント：　　「Ｎは　いＡ／なＡ　です」

新出語：　　　花

練習の仕方：　①イラストを見て、語彙確認後、文を作る。

板　書：　　　この　パソコンは　たかいです。

留意点：　　　文型１は**2-3**で読む。「どう」をここでは扱わないため。

1-3.

ポイント：　　形容詞を使って表現できる

新出語：　　　大変[な]，富士山

練習の仕方：　①『メインテキスト』を見て、各自またはペアで相談しながら、イラストに合う形容詞を選ぶ。②クラスで答え合わせをする。6）には、Ｓの持ち物や教室内のもの、Ｓの名前や国を自由に入れ、それに合う形容詞を選んで、自由に話す。P.9（3）参照。

51

2-1.

ポイント： い形容詞とな形容詞の区別ができる，形容詞の否定の言い方ができる，「Nは　いAくないです／なAじゃありません」

新出語： 部屋，い形容詞，な形容詞

用意する物： ⑩イラストカード❷形容詞，⑩文字カード❹形容詞❻文型「いくないです」「じゃありません」

練習の仕方： ①この課で学んだ形容詞をSから引き出しながら、い形容詞とな形容詞に分けて板書する。②その語尾の文字の違いを確認して、形容詞はい形容詞、な形容詞の2種類あることと、名称を教え、板書する。③板書したい形容詞を使って、「Sさんの部屋は～ですか。」などと聞く。「いいえ」の答えを待って「～くないです。」ということを教え、板書する。④板書のい形容詞の語彙を文字カード、イラストカードで、「～くないです」の形の練習をする。⑤な形容詞も同様に否定形を提示し練習をする。P.8（2）参照。

板　書：　いけいようし　　なけいようし

| おおきい ひろい…… | しずか きれい…… |

Sさんの　へやは　ひろいです。→ひろ|くないです|。
　　　　　　　　きれいです。→きれい|じゃ　ありません|。

留意点：
・い形容詞とな形容詞は活用が違うので、よく練習する。
・「きれい」「有名」は、な形容詞であることを教える。

2-2. 🎤

ポイント： 学校生活についてインタビューできる，「あまり」「とても」を使って、答えられる

新出語： あまり，とても

新出項目： ①漢字はあまり難しくないです。

用意する物： ⑩文字カード❻文型「あまり」「とても」

練習の仕方： ①「毎日宿題をします。宿題は大変ですか。」と質問し、Sの状況に合わせて「あまり」と「とても」を使ってその程度を表すことを教え、板書する。②各自好きな形容詞を使って、質問文を作り、クラスメイトにインタビューする。P.9（6）参照。

板　書：　A：しゅくだいは　たいへんですか。
　　　　　B：◎　はい、　|とても|　たいへんです。
　　　　　　　○　はい、　　　　　　たいへんです。
　　　　　　　△　いいえ、|あまり|　たいへんじゃ　ありません。
　　　　　　　×　いいえ、　　　　　たいへんじゃ　ありません。

留意点：　　　・程度の副詞が分かりにくいようなら、かばんのサイズなど視覚的に分かりやすいものを使うとよい。また、漢字圏の学習者と非漢字圏の学習者では漢字の難易度が違うことなど、実感を伴う例を出すと程度副詞が感覚的に理解しやすい。
　　　　　　　　　・『メインテキスト』のインタビュー内容は学生向けに作られているので、Sの状況に合わせて変更してもよい。

2-3.

ポイント：　　印象や意見が聞ける／言える，2つの意見を並列して言える
新出語：　　アパート，アニメ，食べ物，生活，どう，そして，〜が、〜。
新出項目：　②わたしのアパートは広いです。そして、きれいです。
　　　　　　　　③わたしのアパートは広いですが、きれいじゃありません。
用意する物：⒟Ⓐ文字カード❶助詞❷記号「？」❻文型「そして」「が」❼疑問詞「どう」
練習の仕方：①Tが「わたしのアパートは広いです。きれいです。S1さんのアパートはどうですか。」と記号カードの「？」を持って、質問文を示し、板書で確認する。②その後ペアで「S2さんの〜はどうですか。」などと聞き合う。③どんな形容詞が出たか聞いて、プラス評価とマイナス評価に分けて板書する。④Tが「〜はどうですか。」とクラス全体に再度聞き、答えが2、3出たところで、「〜。そして、〜」あるいは「〜ですが、〜」の表現を示し、板書で確認する。⑤『メインテキスト』の質問と答え方を確認してから、ペアで練習する。P.9（4）参照。┃＋α┃日本の車、食べ物、電車、Sの国のものなど、Sが興味を持つものについて、「〜はどうですか。」の問いに2つの形容詞を使って答える。クラスで行っても、学校内の人にインタビューしてもよい。**文型1・文型2**

板　書：　　Sさんの　アパートは　┃どう┃ですか。

┌──────────────┐　┌──────────────┐
│　＋　ひろい　　　│　│　－　せまい　　　│
│　　　きれい……　　│　│　　　たかい……　　│
└──────────────┘　└──────────────┘

　　　　　　　　あたらしいです。┃そして┃、きれいです。
　　　　　　　　　あたらしいです┃が┃、たかいです。

留意点：　　　・「価格が高い」がプラス評価、「静か」がマイナス評価になる文化もあるので、Sがどういう価値観で言っているのか注意する。

3-1.

ポイント：　　「N1は　A＋N2　です」
新出語：　　バドミントン，スポーツ，桜，バナナ，町，山，海＊

用意する物：	❶A文字カード❶助詞「の」「の」❼文型「な」
練習の仕方：	①「富士山は山です。」と言いながら、「は」と「山」の間を空けて板書する。「日本の山です。」と言って、「名詞＋名詞」の復習をし、さらに「高い山です。」と言いながら、「高い」を板書に追加する。さらに「富士山は？」と聞き、Sの答えを待って、な形容詞の場合は「有名な」となることを教える。②『メインテキスト』の例を読み、「バドミントンは？」と聞いて、「バドミントン」に合う形容詞を引き出す。各自練習をした後、クラス全体でそれぞれの答えを出し合う。

板　書：	ふじさんは　にほん　の　やまです。 　　　　　　たかい　の 　　　　　　ゆうめい　な

留意点：	・京都、桜などの写真を実際に見せるとイメージがわく。 ・形容詞には「の」はつかないことに注意を促す。な形容詞にも「な」ではなく「の」を使うSがいるので、Sの発話の際注意して聞く。

3-2.

ポイント：	「どんな」を使って聞ける／答えられる
新出語：	ゲームソフト，どんな
用意する物：	❶A文字カード❷記号「？」❼疑問詞「どんな」
練習の仕方：	①「？」カードを持って、「バドミントンはどんなスポーツですか。」などと質問し、Sの答えを待って、板書で確認する。②部屋、学校、町、各自の持ち物、国の果物、海、山などについてペアで聞き合う。③Sの持ち物（携帯電話など）を例に挙げ、「日本で買いましたか。いつ買いましたか。どんな携帯電話ですか。」などと聞き、『メインテキスト』の会話の流れを確認して練習する。＋α 各自、クラス内を自由に歩き回って、自分の買ったものについて話す。**文型3**

板　書：	A：バドミントンは　どんな　スポーツですか。 B：　　　　　　　　たのしい　スポーツです。

3-3.

ポイント：	「A＋Nを　Vました」
練習の仕方：	①「Sさん、何を食べましたか。」「～を食べました。」「どんな～を食べましたか。」などと聞いていく。Sの答えを板書し、いろいろな形容詞を入れて「おいしい／高い／大きい～を食べました。」などと自由に言い合う。②『メインテキスト』の動詞を確認後、自由に言い合う。＋α ほかの既習の動詞を使って自由に練習する。

板　書：	おいしい　ケーキを　たべました。

| 留意点： | ・「Nは～です」の文型ではなく、「NをV」の文型であることを意識する。 |

4.

ポイント：	物が特定できる，「どれ」
場　　面：	たくさんものがある中から友達のものを探している
新出語：	コート，黒い，白い，赤い＊，どれ
用意する物：	Sのかばん，携帯電話，傘，ボールペン，ノートなど，**DA**文字カード**❷**疑問詞「どれ」
練習の仕方：	①数人のSからかばんを借りて前に並べ、「S1 さんのかばんはどれですか。」と質問し、板書で確認する。Sの答え「それ、それ」を聞いて「それです。」と答えることを示し、「それ」で特定できずどれか分からないようすを示し、Sが「黒、黒」などと言ったら、「その黒いかばんです。」と説明するよう促し、板書する。②「これですか。」と確認して、「そうです。」というSの答えも板書する。③会話の流れを確認後、イラストを見ながら、ペアで練習する。 ┃**+α**┃ 身の回りのものを使って、ペアで聞き合う。**文型4**

| 板　　書： | A：S1さんの　かばんは　┃**どれ**┃ですか。 |
| | B：　　　　　　　　　　　　　それです。その　くろい　かばんです。 |

| 留意点： | ・Sから借りるときには、借りるものが既習の形容詞で説明できるかどうか気をつける。 |
| | ・「どれ」が使えるように、必ず3つ以上の品物を用意する。 |

使いましょう✐✐

ポイント：	友達の国についてインタビューし、自分の国について書ける
新出語：	ところ，もの，いちばん，オーストリア，ウィーン，テレサ
練習の仕方：	①『メインテキスト』の質問文を確認しながら各自自分の答えを記入する。答えの地名やものの名前は母語でもいいので、必ず記入するように指示する。②インタビューして、答えを書き込む。その際も言語は自由でいいと言う。③テレサの国の紹介文を読む。P.10（8）参照。④自分のメモをもとに、自分の国を紹介する文を書き、発表する。
留意点：	・**1**のテレサの例は、**2**の読解の前に行うとよい。
	・インタビューの結果は発表しなくてよい。
	・副詞「いちばん」はここで初出だが、「いちばん～です」は11課で教える。

会話

| 場　　面： | マリー・スミスがオペラハウスの写真をもとに、リン・タイに説明をしている |
| 新出語： | 写真，建物，オペラハウス |

55

新出項目： ④きれいな写真ですね。（共感）
留意点： ・会話を聞く前に、『メインテキスト』のイラストを見ながら「きれいです
ね。ここはシドニーです。この白い建物は何ですか。シドニーはどんなと
ころですか。」など、新出語を教えながら質問をして、イメージを膨らませ
るとよい。その際、オペラハウスの写真を見せるとよい。
・Sに自分の国の有名なところの写真を用意してくるように言っておき、
クラスで説明しても面白い。

8

> **到達目標：** もの・人の存在と位置が言える
> 人数が数えられる

1-1.

ポイント： 「N1（場所）にN2があります／います」

場　面： 教室の窓から外を見て話している

新出語： 男の子，男の人，男＊，女の子，女＊，木，自動販売機，猫，あります，います

用意する物： ⓂＡ文字カード❶助詞「に」「が」

練習の仕方： ①「本があります。学生がいます。」と言って「あります」「います」の区別を示したあとで、「〜さんが……。ボールペン／ノートが……」とTが途中まで言って、Sが「あります、います」を区別して全文を言う練習をする。②次に教室の窓から外を眺め、「あそこにスーパーがあります。あそこにキムさんがいます。」などとSと一緒に情景描写し、板書で文の構造と助詞を示す。③『メインテキスト』に戻って、イラストを見ながら練習する。
＋α 校内の案内図や3課の **1-1** のイラストを使用して、「ここに〜があります」などと指さしながら練習する。

板　書：

あそこ に　　スーパー が　　あります。
　　　　　　キムさん が　　います。

留意点：
・授業の前に教室の外を見て、窓から見える既習の語彙を確認しておく。
・ここでは「〜に〜があります。」の練習にとどめ、質問はしない。

1-2.

ポイント： 部屋にあるかどうか聞ける

練習の仕方： ①「S1さんの部屋にテレビがありますか。」S1「はい、あります。」「S2さんの部屋に冷蔵庫がありますか。」S2「いいえ、ありません。」とやり取りしながら、板書で質問と答え方を確認する。②既習の家具や電気製品などの名詞をSから引き出し、板書する。それをもとに、ペアまたはグループで質問し合う。P.9（4）参照。

板　書：　　A：S1さんの　へやに　テレビが　ありますか。

B1：はい、あります。　　　　B2：いいえ、ありません。

> パソコン・とけい・れいぞうこ・そうじき・ポット・エアコン……

2-1.
ポイント：　　「N1のN2（位置）」
新出語：　　女の人，箱，上，下，前，後ろ，中，外＊，横
用意する物：　実物（本、ボールペン、携帯電話など），🆑文字カード❶助詞「に」「が」
練習の仕方：　①実物を使って位置詞を教える。②Tが「上、下」などと言って、Sがその位置を手で示す。同様にペアで行う。③『メインテキスト』のイラストを見て、まず「車の上・下」などの位置と物の名称を確認し、文の形で板書で示してから、練習する。＋α　教室内のいろいろなところに実物を置いて、「〜の上に〜があります。」などと練習する。

板　書：　　くるまの　よこ[に]　じてんしゃ[が]　あります。

留意点：　　・「隣、間」は**3-1**で提出する。
　　　　　　　・Sの視点から見た位置関係で練習する。

2-2.
ポイント：　　何があるか聞ける／言える。
場　面：　　古い屋敷で物陰などにあるものを確認している
新出語：　　子供，机，パジャマ，ピアノ，ベッド，犬，テスト
用意する物：　🆑文字カード❼疑問詞「なに」
練習の仕方：　①『メインテキスト』のイラストを見てクラス全体で質問文を確認する。②ペアで聞き合う。**文型1・文型2**

板　書：　　A：テレビの　うしろに　[なに]が　ありますか。
　　　　　　　B：　　　　　　　　　おかねが　あります。

3-1.
ポイント：　　目的のものがどこにあるか言える，「N1はN2（場所）にあります」
新出語：　　交番，バス停，ポスト，隣，間
用意する物：　🆑文字カード❶助詞「は」「に」
練習の仕方：　①『メインテキスト』のイラストを見ながらTが「交番は？」と聞き、「花屋の隣にあります。」というSの答えを受けて、全文を板書する。同様に『メインテキスト』の練習をする。

板　書：	こうばん は　はなやの　となり に　あります。

留意点：
・**文型2**は「何があるか」がポイントで、**文型3**は「どこにあるか」がポイントとなる。
・「隣」と「横」の違いを聞かれたら、「隣」は建物と建物、人と人など同じ種類のもののときだけ使うと説明する。例）「郵便局の横にポストがあります。／隣に銀行があります。」

3-2.

ポイント：　町で場所を聞ける／言える
場　面：　町で行きたい場所を尋ねている
新出語：　〜ですか（確認）。、どうもありがとうございました。
新出項目：　①花屋の隣にありますよ。②花屋の隣ですね。
練習の仕方：　①**3-1**のイラストで、AがBに道を聞いていることを示す。町で場所を尋ねる場合、尋ねるAは「すみません。」と声をかけ、確認の「〜ですね。」とお礼をきちんと言うよう指示する。答えるBはまず、相手の知りたい場所を「〜か」と質問の形で確認してから場所を説明するように指示する。
②会話の流れを確認してから、ペアで練習する。
留意点：　・「ありがとうございました」の説明はP.155参照。
・終助詞の使い方を間違えていないか、イントネーションが正しいかに注意する。
・「花屋の隣ですよ。」と「花屋の隣にありますよ。」、「どこですか。」と「どこにありますか。」は、同じ意味なのでペアワークのときどちらを使ってもかまわない。ただし、「どこにですか。」などの誤用が出やすいので、注意する。
発展練習：　実際の学校付近の地図を使い練習する。

3-3. 📖❓

ポイント：　建物内で場所が聞ける／言える，「N1はN2（場所）にいます／あります」
場　面：　学内で人や物を探している
新出語：　テーブル，電話，ロッカー，エレベーター，いす
練習の仕方：　P.9（5）**文型3**
発展練習：　学校内の見取り図、イラストなどを用意して、ペアで聞き合う。

4-1.

ポイント：　人数が数えられる，「N（人）が―人います」
場　面：　日曜日の公園の風景
新出語：　1人，2人，―人_{にん}，何人
用意する物：　**DA**文字カード**9**数字
練習の仕方：　①初めにクラス内でSを1人ずつ数えて、数え方を教え、板書で確認する。
②イラストを見て、全文を練習する。『メインテキスト』P.156参照。**文型4**

2章　各課の教え方　8

59

| 板書： | ①ひとり・ふたり・さんにん・よにん…… |
| | ②こうえんに　おんなの　ひとが　ふたり　います。 |

留意点：	・1人～4人までを念入りに練習する。その後11人12人まで練習し、11以上は特別な読み方はないことを示す。
	・助数詞と助詞の位置に注意を促す。
	・人がたくさんいるイラストなども使って数える練習をするとよい。

4-2.

ポイント：	人数が聞ける／言える，「N（人）は―人います」
新出語：	カナダ
用意する物：	**DA**文字カード**❶**助詞「は」**❼**疑問詞「なんにん」
練習の仕方：	①クラス内で「～国の学生は何人いますか。」と聞き、いっしょに数えて、質問文とともに板書する。すべての国籍について「～国の学生は？」と聞いて、「～国の学生は～人います。」と答えを促す。②『メインテキスト』のスバル日本語学校の学生数をペアで聞き合う。**＋α**『メインテキスト』で練習後、実際に自分たちの学校や町のデータを見ながら聞き合う。

| 板　書： | A：ちゅうごくの　がくせい は　　なんにん　いますか。 |
| | B：　　　　　　　　　　　　　　　5にん　います。 |

| 留意点： | ・可能なら事前に許可を得ておいて、実際に学校の事務室に全学生数、国籍別、男女別学生数などを聞きに行くとよい。 |
| | ・何人いるか知りたいときは、「～は何人いますか。」と聞く。 |

5.

ポイント：	誘うことができる・「Vましょう」
場　面：	パーティーで人を誘っている
新出語：	歌います，踊ります
用意する物：	**DA**文字カード**❻**文型「ましょう」
練習の仕方：	①『メインテキスト』の見出し「使いましょう」や、Tが授業を開始するときの「はじめましょう」の「ましょう」に気づきを促す。イラストを見せてパーティーの場面であることを示し、どんなことを誘うかを聞き、板書する。それをもとにしてクラス内で誘い合う。**文型5**

| 板　書： | いっしょに　うたい ましょう 。 |

> うたいます・おどります・のみます・たべます・ゲームを　します……

| 留意点： | ・「Vませんか」との違いについて質問が出たらP.155を参考に説明するか |

『文型説明と翻訳』P.68を参照させる。

・「〜ましょう。」を「〜ますよ。」と言っていないか、Sの発音を注意して聞く。

・必要なら動詞のイラストカードを用意する。

使いましょう 1

ポイント：	人を誘い、待ち合わせの約束ができる
場　面：	電話で友達を誘っている
新出語：	西口，東口*，南口*，北口*，忙しい*，暇[な]，ええと，分かりました。，またあした。，みどり駅
練習の仕方：	①「友達と一緒にどこへ行きますか。どこで会いますか。何時に会いますか。」など、Sに聞く。「じゃ、電話をかけましょう。」と言って、はじめに「もしもし」と言うよう注意する。さらに、前置きとして「あした暇ですか。」と切り出すなど『メインテキスト』の会話の流れを示しながら進める。②板書で流れを再確認してから、各自自由に行きたいところ、待ち合わせ場所、時間を設定してクラス内で誘い合う。
板　書：	

```
もしもし　ひま？              ええ。
じゃ、__ませんか。            いいですね。どこ？
__に　__が　あります。
__に　__で　あいましょう。    わかりました。じゃ、……
```

A　　　　　B

使いましょう 2

ポイント：	自分の町の紹介を書いて、発表できる
新出語：	教会，湖，釣り，近く，〜や〜
新出項目：	②町に古い教会やきれいな公園があります。
練習の仕方：	①はじめに「学校の近くに何がありますか。」と聞き、Sの答えを待って、何があるかをすべては言えないことを実感させて、「郵便局や銀行があります。」の「や」の使い方を教える。②P.10（8）参照。③Sのうちはどこにあるか、町に何があるか、町の近くに何があるか、子供のとき何をしたかなど、Tが1、2人のSに質問する。同様にペアでも聞き合って、作文に書く内容を決め、書き終えたら発表する。P.10（9）参照。
留意点：	・「など」は初級2の23課の学習項目だが、余裕のある学習者には教えてもよい。

61

会話

場　面： 教室でポン・チャチャイが先生に富士山について質問している

新出語： 動物，（お）土産，店，遠い，近い＊，たくさん，へえ

用意する物： 『メインテキスト』の日本地図（見返し）

留意点： ・会話の前に見返しで富士山の位置を確認する。富士山へ行ったことのあるＳがいれば話を聞き、いなければＴが自分の経験などを話して興味を喚起するとよい。

　　　　　・Ｓの国の有名な海や山、川、湖、観光地などについて、ペアで聞き合ってもよい。

9

> **到達目標：**好き嫌い、上手下手などが言える
> 　　　　　　理由が言える
> 　　　　　　家族について話せる

2章 各課の教え方｜9

1-1.

ポイント：	「Nが好きです」
新出語：	すし，野球，好き[な]
用意する物：	🄼文字カード❶助詞「が」
練習の仕方：	①Sの趣味が分かっていたら、「S1さんは水泳が好きです。」などと言う。それから、「わたしは果物が好きです。」と自分の好きなものを言って、板書する。②『メインテキスト』を見て練習後、自由に自分の好きなもの（スポーツ、音楽、食べ物、飲み物など）を言い合う。**文型1**

板　書：	わたしは　くだもの 　が 　　すきです。

留意点：	・練習の際、主語は「わたし」で行う。助詞は「を」ではなく「が」であることを教える。 ・「好きます」と動詞と勘違いすることもあるので注意する。

1-2. 🎤

ポイント：	好き嫌いについてインタビューできる，「Nが好きです／嫌いです」
新出語：	漫画，掃除，洗濯＊，甘い，辛い＊，嫌い[な]
練習の仕方：	①Sに「甘いものが好きですか。」と聞き、Sの反応を見て、嫌いな場合、程度によって「いいえ、あまり好きじゃありません。」と「いいえ、嫌いです。」と言うことを示し、板書する。②1）〜4）の語彙の確認後、5）を自由に記入する。質問文をクラス全体で練習してからインタビューする。P.9（6）参照。

板　書：	A：あまい　ものが　すきですか。 B：　　　　○はい、すきです。 　　　　　　△いいえ、あまり　すきじゃ　ありません。 　　　　　　×いいえ、きらいです。

留意点：	・故意にSの嫌いそうなもの（洗濯、掃除、お酒、犬、宿題など）を話題にして「〜が好きですか。」と聞いて、練習してもよい。 ・Sのレベル次第では、「あまり」をつけることによって婉曲表現となるこ

63

とを教えてもよい。

・「嫌いです」は「好きじゃありません」より強く響くことがあるので、使うとき注意するように言う。

1-3.

ポイント： 相手の好みを尋ねてから誘うことができる

練習の仕方： ①「どんな～が好きですか。」と聞いて、Sの好きなスポーツ、音楽、映画、歌のジャンルなどについてSが答えたい語彙を紹介する。『文型説明と翻訳』P.76参照。②相手の答えによって、その後の会話の流れが変わることにSの意識が向くように配慮する。③ペアで練習後、クラスで自由に誘う練習をする。P.9（4）参照。

1-4.

ポイント： 「Nが上手です／下手です」

用意する物： ⓓⒶ文字カード❶助詞「が」

新出語： 絵，歌，お父さん，お母さん，お兄さん，お姉さん，弟さん，妹さん，父，母，兄，姉，弟，妹，（ご）家族，（ご）両親，かきます[絵を～]，上手[な]，下手[な]＊

練習の仕方： ①料理や絵、歌が上手なS1を引き合いに出し、「S1さんは料理／絵／歌が上手です。」などと言いながら、板書する。「わたしは料理が上手じゃありません。」と否定形を確認し、板書する。程度によって「下手です」と言うことも示し、板書する。②家族呼称を教え、右側に板書する。『メインテキスト』P.157参照。③ペアでそれぞれの家族構成を聞き合う。④『メインテキスト』について「絵をかきます・歌を歌います・ゲームをします」のように動詞も合わせて確認する。⑤TがSに「Sさんのお姉さんは料理が上手ですか。」と聞き、Sの答えに合わせて会話の流れを確認し、ペアで自由に聞き合う。P.9（4）参照。

板　書：

Sさんは	りょうり が	じょうずです。	おとうさん
わたしは	りょうり が	じょうずじゃ　ありません。	おかあさん
		へたです。	おにいさん……

留意点：

・日本では自分のことを上手だとあまり言わないことを伝える。

・家族構成を言いたがらないSがいたら、架空のことでいいと言う。

・「父、母」などの言葉は練習にはないが、『メインテキスト』P.157を参照し、ここで一緒に教えたほうが練習がスムーズに進む。

2-1.

ポイント： 「Nが分かります」

新出語： 英語，分かります，スペイン

用意する物： ⓓⒶ文字カード❶助詞「が」

練習の仕方： ①教師が自分の分かる外国語で例を示し、板書する。その際、助詞は「を」ではなく「が」であることを教える。②『メインテキスト』の言葉を分かる人に読んでもらい、「わたしは～語が分かります。」との発話を促す。**文型2**

板　書： わたしは　スペインご　が　わかります。

2-2. 🎤

ポイント： 理解の程度をインタビューできる

新出語： 片仮名，平仮名＊，アナウンス，ルール，少し，だいたい，よく，全然

練習の仕方： ①「片仮名が分かりますか。」と質問し、Sの反応を見ながら適当な副詞を板書しながら、確認する。②平仮名、片仮名、漢字、～語などについて聞いていき、程度の副詞を教える。P.9（6）参照。

板　書：

かたかなが
┌ よく ┐
│ だいたい │　わかります。
└ すこし ┘
┌ あまり ┐
└ ぜんぜん ┘　わかりません。

留意点： ・ここでは「よく分かりません」はSの混乱を避けるため教えない。
・程度の違いについて質問があった場合はP.157を参考に説明するか『文型説明と翻訳』P.75を参照させる。

3-1.

ポイント： 理由が述べられる，「S1から、S2」

新出語： 窓，買い物，天気，開けます，散歩します，暑い，寒い＊，～から、～

用意する物： 🅳🅰文字カード❶助詞「から」

練習の仕方： ①「わたしは今朝魚を食べました。昼も食べます。夜も食べます。昨日もおとといも食べました。」などと言って、Sの驚きと「どうして」という気持ちを誘い、「魚が好きですから、毎日食べます。」と言って、板書する。②イラストを見て練習する。**文型3**

板　書： さかなが　すきです　から　、まいにち　たべます。

留意点： ・「毎日食べますから、魚が好きです。」のように理由を表す文の位置が逆にならないように注意する。
・「たくさん買い物しましたから、お金がありません。」と前半が過去になるところはSが混乱しがちなので注意する。
・「開ける」の反義語「閉める」は初級2の31課で学習するが、ここで一緒に教えてもよい。

3-2.

ポイント:	適切な理由が選べる
新出語:	雨，注射，時間，通訳，デート，あります
新出項目:	①時間があります。
練習の仕方:	P.9（3）参照。 ＋α Tが「いい天気ですから、暑いですから、寒いですから、〜が好きですから」などと文の前半だけを示して、Sが自由に後半を考えて言う。あるいは、後半の「〜から、分かります。」「〜から、お金がありません。」などを示して、Sが理由を考えてもよい。

4-1.

ポイント:	理由が聞ける／言える，「どうしてSか」
新出語:	約束，眠い，どうして，早く
用意する物:	DA文字カード❶助詞「から」❼疑問詞「どうして」
練習の仕方:	①「わたしは9時から5時まで働きますが、今日3時に帰ります。早く帰ります。」と言って、Sが理由を尋ねたくなったところで「どうして早く帰りますか。」と聞くことを教える。Sの質問を受けて「約束がありますから。」と言って、板書で確認する。②『メインテキスト』の練習をする。**文型4**
板　書:	A：どうして　はやく　かえりますか。 B：やくそくが　あります から 。
留意点:	・常識的に考えて変だと思うとき、必然性がないと思うことに対して「どうして」と聞く。 ・過去の事実に対して「どうして休みましたか。」などと聞きたくなるが、「頭が痛かったですから／病気でしたから。」など、理由に形容詞の過去形が必要になってしまうので、現在形で答えられる範囲の質問をする。

4-2.

ポイント:	好きなものについてインタビューし、まとめて発表できる。
新出語:	山登り，ドラマ，残念[な]，どうしてですか。
練習の仕方:	①Sの趣味を把握しておいて、日本でも続けているかどうかを聞く。続けているSには「いつしますか、だれとしますか。」などと話を続ける。日本では続けていないSがいたら、『メインテキスト』の例に導く。『メインテキスト』を見て、ペアで練習する。②クラス内で自由にインタビューして、結果をまとめる時間を取り、書いたものを発表する。続けている人の場合のまとめ方は「Bさんは山登りが好きですから、毎週友達と山登りをします。」などとする。P.9（6）参照。

使いましょう 📖❓

ポイント：	プロフィールが聞ける／言える
場　面：	お見合いの相手を紹介している
新出語：	旅行，ゴルフ，教師，モデル，弁護士，選手，サッカー選手，ミュージシャン，お見合いします，うーん，そうですね。，よろしくお願いします。，さゆり，えり，ともみ，あきら，ひろし
練習の仕方：	①日本のお見合いについて紹介し，Sの国の結婚事情も聞く。②お見合いをするとしたら相手の何を知りたいか聞き，興味を喚起する。その際、同時に質問項目、職業の新出語など、必要な語彙をさりげなく教え、必要なら板書で確認する。③Sに結婚したいか聞き、したいが相手がいないというSに「いい人がいませんか。」と言うことを教え、TがB（紹介者）になって、「じゃ、お見合いをしませんか。」と誘いかけ、Sに質問を促しながら、『メインテキスト』の談話例に導く。その後ペアで例を練習する。④Bは『メインテキスト』のP.192の情報を見ながら、Aに相手を紹介する。また、AはP.58のメモを見ながら質問し、聞いた情報を記入するよう指示する。
留意点：	・「Vませんか」の説明はP.157参照。 ・お見合いの場面の写真や映像などを見せるとイメージがわく。 ・Sには喜ばれるテーマだが、談話が長いので、話の切り出しと最後の部分だけを『メインテキスト』通りにし、そのほかは自由にするとよい。 ・どうして「いい人がいませんか」を使うかとSから質問が出たら、ぜひ欲しいという気持ちを「～ませんか」で表すと答える。店で欲しいものがあるかどうか聞くときは「～はありませんか」を使う。

会話

場　面：	ホセ・カルロスが木村春江とテレビ番組について話している
新出語：	番組，テレビ番組
留意点：	・テレビの番組表などを見せるとよい。 ・お笑い番組、クイズ番組、旅行番組、料理番組など、Sが知りたがれば、必要に応じて番組のジャンル名を紹介する。

10

> **到達目標**：ものの授受、貸し借りなどについて聞ける／言える
> 飲食店で注文ができる
> 手段が言える

1-1.

ポイント： ウチからソトへ向かう行為が言える，「N1（人）にN2（もの）をV」

新出語： プレゼント，カード，先輩，後輩＊，貸します，あげます，教えます

用意する物： 実物（お菓子など），**DA**イラストカード❶動詞「あげます」「貸します」「教えます」，**DA**文字カード❶助詞「に」

練習の仕方： ①Tがお菓子などを「わたしは～さんに～をあげます」と言ってから実際に渡すなど、実物を使ってものの動きを見せる。②「来週はキムさんの誕生日です。わたしはキムさんにプレゼントをあげます。」と言って板書し、助詞「に」を使うことを確認する。③同様に、「貸します」「教えます」を教える。④『メインテキスト』のイラストを見て、ペアで文作り。できれば書いて確認する。＋α「（家族）の誕生日、何をあげますか。」「友達に（お金／自転車／CD）を貸しますか。」「（弟／友達）に（サッカー／パソコン／～語）を教えますか。」などと、初めにTが質問して例を示したあとでペアで質問し合う。

板　書： わたしは　キムさん に　プレゼントを　あげます。

留意点：
・授業に近い日にバレンタインデーや母の日などがあったら、それを話題にするとよい。
・主語が「わたし」になるように注意する。クラス全体で文をリピートしない。
・ここではN1は人に限定して練習する。

1-2.・1-3.

ポイント： ウチからソトへ向かう行為が聞ける／言える

新出語： 絵はがき，送ります，かけます[電話を～]

用意する物： **DA**イラストカード❶動詞「送ります」「かけます[電話を～]」，**DA**文字❶助詞「に」❼疑問詞「だれ」

練習の仕方： ①「送ります」「かけます」のイラストカードを見せながら、「昨日メールを送りましたか。だれに送りましたか。」と聞き、Sの答えを板書する。②『メインテキスト』のイラストを見て文を作る。③イラストを見て、Tが「だれにメールを送りましたか。」と聞き、「友達にメールを送りました。」

68

とSが答えたら、「メールを」の部分は省略することを示す。**文型1**

板　書：　　わたしは　ともだち|に|　メールを　おくりました。

A：|だれ|　　に　メールを　おくりましたか。
B：ともだちに　　　　　　おくりました。

2-1.
ポイント：　　ソトからウチへ向かう行為が言える，「N1（人）にN2（物）をV」
新出語：　　　お茶，借ります，習います，もらいます
用意する物：　**DA**イラストカード❶動詞「借ります／もらいます／習います」，**DA**文字カード❶助詞「に」
練習の仕方：　①クラスの学生に、「『ありがとう』はタイ語で何ですか。」などと聞き、教えてもらった言葉を繰り返し、「わたしはSさんにタイ語を習いました。」と言う。ペアでも同様に行う。その後、イラストカードの「習います」を見せて、「お茶を習いました。」と言い、板書で確認する。②同様にイラストカードを見せながら実際にSに何かを借りたり、誕生日にもらったものを聞くなどして、「借ります」「もらいます」を教える。

板　書：　　わたしは　わたなべさん|に|　おちゃを　ならいました。

留意点：　　・主語は常に「わたし」になるようにする。
　　　　　　・実物（お菓子など）を使って練習してもよい。
　　　　　　・お茶を習っている写真を見せるとイメージしやすい。

2-2.
ポイント：　　身近な人からもらったものについて説明できる
新出語：　　　ネックレス，ネクタイ，夫，（ご）主人，妻，奥さん，子供さん＊
練習の仕方：　①「わたしの夫」「～さんのご主人」など、親族呼称を確認する。必要なら父母兄姉なども再確認する。『メインテキスト』P.157参照。②Sの持ち物を褒め、「ええ、～で買いました。」「（兄）にもらいました。」などの答えが出たら「いい（お兄さん）ですね。」を追加する。

2-3. 🎤
ポイント：　　もらったもの、習ったことについてインタビューできる
練習の仕方：　①例の会話を確認して、インタビューする。P.9（6）参照。
留意点：　　・インタビューして得た答えをクラス全体で集計して、何がいちばん多いかを調べるのも面白い。

3-1.
ポイント：　　ものが数えられる，「Nを　数＋助数詞　V」

新出語：	シャツ，石けん，みかん，１つ〜とお，いくつ，一台，何台＊，一枚，何枚＊
用意する物：	数えられる実物（チョコレート、机、いす、時計、テレビ、パソコン、携帯電話、CD、切手、絵はがきなど），**DA**文字カード**❷**記号「？」**❼**疑問詞「いくつ」**❾**数字
練習の仕方：	①実物を「１つ、２つ」と数えながら、５つまで教える。Sが覚えたら、次に６つ〜10までを教える。②数字のカードを使って10まで練習し、そのとき「？」のカードを見せて「いくつ」を導入する。③前日スーパーへ行ったSがいるかどうか尋ね、行ったSに「（石けん／りんご／みかん／卵／ケーキ）を買いましたか。」と質問し、さらに「いくつ買いましたか。」と聞いて、助数詞、助詞の位置を確認しながら板書する。④助数詞は品物の種類によって変わることを教え、実物を見せて、薄いものは「一枚」、機械類は「一台」と区別して使うことを教える。⑤『メインテキスト』のイラストを見てペアで助数詞に注意して練習する。（　　）には、既習の範囲でできるだけ多くの動詞を使うように指示し、各自またはペアで文作りをする。その後発表する。『メインテキスト』P.156参照。

板　書：	せっけんを　よっつ　かいました。 いくつ　かいましたか。

留意点：	・みっつ／むっつ、よっつ／やっつなど似ている発音に注意する。 ・疑問詞の確認を必ずすること。 ・「ひとつ」「ふたつ」の場合は、10以上の数には「一つ」とならないことを教える。

3-2.

ポイント：	レストランなどで注文できる，「Nにします」
場　面：	レストランで注文している
新出語：	（ご)注文，サンドイッチ，スパゲティ，します，〜をお願いします。，いらっしゃいませ。
新出項目：	①わたしはコーヒーとケーキにします。
用意する物：	**DA**イラストカード**❻**メニュー
練習の仕方：	①注文のときに必要な「〜をお願いします。」「〜にします。」などを教えて、イラストカードを使って全体とペアで練習する。**＋α**ウエイトレスと客の役割を決め、メニューのイラストカードを見ながらロールプレイをする。
留意点：	・実際にメニューを用意すると楽しいが、情報が多すぎるので、使う際はポイントだけ見るように指示する。

4-1.

ポイント：	何を使って食べるか聞ける／言える，「NでV」

新出語：	ステーキ，はし，スプーン，ナイフ，フォーク，手
用意する物：	ⒹⒶ文字カード❶助詞「で」
練習の仕方：	①Sに「カレーを食べますか。」と聞き、続けて「スプーンで食べますか。」と聞き、Sの答えを待って、「S1さんはスプーンでカレーを食べます。」と言いながら板書して例を示す。②『メインテキスト』のイラストを確認してから、ペアで聞き合う。┃＋α┃ いろいろな料理についての食べ方を自由に聞き合う。
板　書：	A：なん⬚でカレーを　たべますか。 B：スプーン⬚で　たべます。
留意点：	・はし、スプーンなどは実物を用意するとよい。

4-2.

ポイント：	何を使ってするか言える
新出語：	レポート，航空便，荷物，書留，話します
用意する物：	ⒹⒶ文字カード❶助詞「で」
練習の仕方：	イラストを見ながら、各自文を作る。┃＋α┃「（パソコン、インターネット、携帯電話、日本語）で何をしますか。（航空便、書留）で何を送りますか。」などと聞き合う。
板　書：	パソコン⬚で　レポートを　かきます。

使いましょう

ポイント：	文を読んで、もののやり取りが分かる
場　面：	渡辺あきが母親に書いた誕生日プレゼントのお礼のメール
新出語：	色，セーター，クラス，すてき[な]，また，〜によろしく。
練習の仕方：	①文を読み、例のように答えを記入する。P.10（8）参照。
留意点：	・宅急便、郵送で誕生日のプレゼントをもらったことがあるSに、何をもらったか、お礼は電話かメールか手紙かなどを聞いてみるとよい。『文型説明と翻訳』P.82参照。

会話

場　面：	キム・ヘジョンが茶室でトム・ジョーダンにお茶をたてている
新出語：	初めて
留意点：	・お茶の写真を見せてイメージ作りをするとよい。 ・イラストを見て「日本のお茶を飲みましたか。」などを聞き、感想を聞くとよい。

11

> **到達目標**：ものや人、場所について特徴が言える
> 　　　　　比較ができる
> 　　　　　２つ以上の形容詞を使って表現できる

1-1.

ポイント：	犬などの描写ができる・「N1はN2がA」
新出語：	鼻，目，首，足，耳，顔＊，口＊，体＊，長い，短い
用意する物：	❿文字カード❶助詞「は」「が」
練習の仕方：	①体についての語彙を教え、Tが「鼻」と言ったらSは鼻を指さすよう指示して練習する。ペアでも練習する。②長い、短い、黒い、白い、大きい、小さいなどの形容詞も復習してから、『メインテキスト』の犬について描写する。 ＋α 自分のペットなどについて特徴を言い合う。

板　書：	この　いぬ 　は　　はな 　が　　くろいです。

留意点：	・Sが必要なら語彙を追加する。 ・クラスメートの身体的な特徴については扱わない。
発展練習：	グループで自由に犬の特徴を考えて絵をかき（制限時間指示）、発表する。発表の際、鼻、目、首などの語彙を必ず使うように指示する。『文型説明と翻訳』P.142参照。

1-2.

ポイント：	大学の特徴が言える
新出語：	留学生，経済，〜学部，経済学部，環境，多い，少ない＊
用意する物：	❿文字カード❶助詞「は」
練習の仕方：	P.9（3）参照。文型1
留意点：	・「みどり大学の留学生は多いです。」の文でもいいかという質問があったら、以下のような例を示し、話題としている部分が違うと答える。 みどりだいがく 　は　　りゅうがくせいが　おおいです。 　　　　　　　　　　りょうが　きれいです。 みどりだいがくの　りゅうがくせい 　は　　おおいです。 　　　　　　　　　　しんせつです。
発展練習：	いくつかの大学の資料をもとにして、「〜大学は留学生が多いですか。」などのSの質問に答えて情報を提供する。

1-3.

ポイント： 身の回りの環境について描写できる

練習の仕方： ①「東京は人が多いですか」と聞き、Sの賛意を得て、皆でコーラスする。その後自由に「東京は〜」と印象を述べ合う。②『メインテキスト』の項目について述べる。

留意点： ・「東京はきれいです。」などの答えが出たら、「何が？」と質問して具体的に述べられるようにする。

2.

ポイント： 比較ができる・「N1はN2よりA」

新出語： 暖かい，涼しい*，―年，何年，九州，マニラ，パリ，奈良

用意する物： 『メインテキスト』の日本地図（見返し），**DA**文字カード❶助詞「は」「より」

練習の仕方： ①日本地図を見て、北海道、九州の位置を確認する。②『メインテキスト』のイラストを見て大きさを確認し、初めに「北海道は　　　大きいです」と間を空けて板書し、「九州より」の部分を板書に追加して、確認する。③イラストを見ながら一緒に文を作る。**文型2**

板　書： ほっかいどう は　　　　　　　　　　　　　　おおきいです。
　　　　　　　　　　きゅうしゅう より

留意点： ・学習者が混乱するので、「九州は北海道より小さいです。」などと主題を入れ替えるような練習はしない。
　　　　　・3）は時系列が分かるように図をかくとよい。

発展練習： ①日本地図や世界地図（『メインテキスト』P.27）を見ながら、日本や自分たちの住んでいる町を中心に「日本は〜より（大きい、小さい、遠い、近い、暑い、寒い、暖かい、涼しい）です」などの比較をする。②メニューのイラストカードを見ながら「サンドイッチはケーキより高いです。」などと比較する。③『文型説明と翻訳』P.88を使って、「地球は月より大きいです。」のような練習もできる。

3-1.

ポイント： 比較の質問ができる／答えられる，「N1とN2とどちらがAか」，「N1／N2のほうがA」，「どちらもA」

新出語： 仕事，大切[な]，どちら，どちらも

用意する物： **DA**文字カード❶助詞「と」「が」「も」「の」❻文型「ほうが」❼疑問詞「どちら」

練習の仕方： ①「デートは大切ですか。」「仕事は大切ですか。」「デートと仕事とどちらが大切ですか。」と聞きながら板書する。Sの答えを待って、答え方も教える。②『メインテキスト』の質問文と答え方をクラスで確認後、質問し合

う。 **＋α** 「海と山、学生と先生、甘いものと辛いもの」など、比較したい
ものをＳから引き出し、左側に板書し、既習の形容詞を右に板書する。ペ
アで板書を参考に自由に比較の質問をし合う。**文型3**

板　書：　　　A：デート と 　　しごと と 　　どちら が 　　たいせつですか。
　　　　　　　B１：デート の 　ほうが 　たいせつです。
　　　　　　　B２：どちら も 　たいせつです。
　　　　　　　B３：どちら も 　　たいせつじゃ　ありません。

留意点：　　　・学生の場合は「デートと勉強、アルバイト」などの話題に変えてもよい。
　　　　　　　・答えるときに「～のほうが」を忘れがちなので、注意する。

発展練習：　　スーパー（値段や品揃え、品質）、レストラン（味や値段）、アパートと寮
　　　　　　　の比較などもよい。

3-2.

ポイント：　　情報を読み取って比べられる

新出語：　　　学費，キャンパス，歴史，－平方メートル

練習の仕方：　①「みどり大学の学生は何人ですか。」などと聞き、Ｓが表の読み取りがで
　　　　　　　きるか確認する。②例を示してやり方を説明し、ペアで質問し合う。

留意点：　　　・Ｓによっては表の読み取りにサポートが必要な場合もある。
　　　　　　　・～年、～㎡などの読み方は紹介のみで練習する必要はない。

発展練習：　　大学や企業の規模や歴史を調べておいて、それをもとに質問し合う。

4-1. ✐

ポイント：　　いちばん好きなものについてインタビューできる，「N1でN2がいちばん
　　　　　　　A」

新出語：　　　天ぷら，豚カツ，飲み物，いちご，すいか，メロン

用意する物：　**⓪Ａ**文字カード**❶**助詞「で」「が」**❼**疑問詞「なに」

練習の仕方：　①『メインテキスト』の例のイラストを見ながら、料理の名前を確認し、
　　　　　　　イラスト以外にも好きな食べ物があるか聞く。「食べ物で何がいちばん好き
　　　　　　　ですか。」と聞きながら板書する。Ｓの答えを待って、答え方も教える。②
　　　　　　　『メインテキスト』の1）2）についても同様に語彙を確認して、練習する。
　　　　　　　P.9（6）参照。**＋α** スポーツ、音楽、お酒、テレビ番組などで聞き合う。
　　　　　　　文型4

板　書：　　　A：たべもの で 　なに 　　が 　いちばん　すきですか。
　　　　　　　B：　　　　　　　てんぷら が 　いちばん　すきです。

留意点：　　　・「～の中で」の表現はここでは扱わない。

4-2.

ポイント：　「N1で何／だれ／どこ／いつがいちばんA」，「N2がいちばんA」

新出語：　背，柔道，スケート，１年，春，夏，秋，冬

用意する物：　**DA**文字カード❼疑問詞「なに」「だれ」「どこ」「いつ」

練習の仕方：　①「スポーツで何がいちばん面白いですか。」と聞き、特に「何」に着目するよう、板書で示す。②『メインテキスト』の問題を一緒にしながら、特に疑問詞に注意を促して板書していく。$\boxed{+\alpha}$「家族で（面白い、親切、元気）」など人に関する質問、「１年でいつがいちばん（好き、暑い、寒い、きれい、果物がおいしい）」など季節に関する質問、「学校でどこがいちばん（静か、好き）」「（国、日本）でどこがいちばん（にぎやか、きれい、有名、面白い、人が多い）」など場所に関する質問をし合う。

板　書：
　　　　　A：スポーツで　　なに　が　いちばん　おもしろいですか。
　　　　　B：　　　　　　　サッカーが　いちばん　おもしろいです。

　　　　　A：いちねんで　　いつ　が　いちばん　すきですか。
　　　　　A：かぞくで　　　だれ　が　いちばん　せが　たかいですか。
　　　　　A：がっこうで　　どこ　が　いちばん　しずかですか。

留意点：　・対象によって「何、どこ、だれ、いつ」の使い分けが必要となることを教える。

4-3. 🎤

ポイント：　友達を自国へ誘える，比較表現を使って相手の国のことが聞ける

練習の仕方：　①『メインテキスト』2行目の（いいです）は下の□□□□□から選んで入れることを確認してから、質問の文を考える。②違う国の人を誘うように指示する。P.9（6）参照。

留意点：　・国の地名や食べ物の名称は、日本での名称や表記を教えてもよいし、母語のままでもよい。
　　　　　・同国人が多いクラスの場合、国ではなく都市や町に誘う練習にする。

5-1.

ポイント：　「いAくて／なAで／Nで」

用意する物：　**DA**イラストカード❷形容詞❸名詞，**DA**文字カード❻文型「～くて」「で」

練習の仕方：　①既習の形容詞をSから引き出し、い形容詞とな形容詞に分けて板書して、区別を再確認する。名詞も追加する。②「（東京、○スーパー、S1さん）はどうですか。」などとクラス全体に問いかけ、2つ以上の形容詞をつなぐときは形を変えて使うことを板書で示す。③文字カード、イラストカードで形の練習をする。P.8（2）参照。

板　書:

いけいようし　　　なけいようし　　　　めいし

あたらしい せまい……	きれい しずか……	２かい りょう……

```
┌ あたらしいです ┐ ＋しずかです→　あたらし  く̶て 、しずかです。
│ きれいです　　 │ ＋　　　　　→　きれい　 で 、
└ ２かいです　　 ┘ ＋　　　　　→　２かい　 で 、
```

留意点:　　　・「いい」は「よくて」になるので、Ｓに注意を喚起する。

5-2.

ポイント:　　　複数の形容詞を使って言える

新出語:　　　頭，独身，明るい，暗い*，優しい，まじめ[な]

練習の仕方:　P.9（3）参照。**文型5**

留意点:　　　・「優しい」と「親切」の違いを聞かれたら、「優しい」は気持ち、「親切」は行為であると答える。

5-3.

ポイント:　　　「～くて／で」と「～が、」の使い分けができる

新出語:　　　速い，遅い*

練習の仕方:　①評価が同じ形容詞をつなぐ場合は「～くて／で」、評価の違う形容詞をつなぐ場合は「～が、」を使うことを確認してから、『メインテキスト』の練習をする。 ＋α Ｓの部屋や持ち物、友達の性格、日本、自分の国、学校や付近の店などについて、ペアかグループで自由に言い合う。

留意点:　　　・「いい」「大変」などは、総合的な評価を表す形容詞なので、文の最後に来ることを示す。

　　　　　　　　・理由を表す「～て、～」はこのテキストでは文法項目としては扱わない。「寒くて、窓を開けてください」などの間違いが生じるため。

使いましょう

ポイント:　　　情報を読み取り、選択決定し、形容詞を使って理由が述べられる

場　面:　　　住宅情報を見て話している。

新出語:　　　マンション，駐車場，うるさい，さくらマンション，みどりアパート

練習の仕方:　①イラストを見てそれぞれの条件を確認後、「さくらマンションはみどりアパートより……。」などと２つの物件の情報を比較する。②ペアを作り、アパートとマンションのどちらにするかを話し合う。 ＋α ペアで発表させてもよい。

留意点:　　　・新出語「うるさい」はさくらマンションのイラストから読み取る。

発展練習:　　不動産情報などを活用して比較検討する活動もできる。その際、情報が多くなりすぎないように必要な個所だけ切り張りするか、検討するポイント

を予め決めておき、印などをつけておく。

会話
場　面：　キム・ヘジョンとトム・ジョーダンが教室でソウルについて話している。
新出語：　ずっと，でも，ソウル

12

> **到達目標**：過去の印象について述べることができる
> 所要時間が聞ける／言える

1-1.

ポイント： 「いAかったです／なAでした／Nでした」

新出語： 休み

用意する物： ⒹⒶイラストカード❷形容詞❸名詞，ⒹⒶ文字カード❹形容詞❺名詞❻文型「~かったです」「でした」

練習の仕方： ①週末何をしたか聞く。楽しそうな反応をしたSにそのことについて「楽しかったですか、おいしかったですか、にぎやかでしたか、いい天気でしたか、何か買いましたか、いくらでしたか。」などと聞き、過去の場合にい形容詞は「~かったです」になり、な形容詞と名詞は「~でした」になることを板書で確認する。②形容詞、名詞の文字カードとイラストカードで繰り返し練習する。P.8（2）参照。

板　書：

たのしいです　→　たのし かったです

にぎやかです　→　にぎやか でした

100えんです　→　100えん でした

留意点：
・Sのレベルによっては、既習の形容詞を使って、い形容詞とな形容詞の形の違いをはじめに確認する。
・「いい」は「よかった」になるので、Sに注意を喚起する。
・い形容詞の「い」を発音してしまい「おいしいかったです」のように言うことがあるので、Sの発音を注意して聞く。

1-2.

ポイント： 過去の印象について述べられる

場　面： 昨日の花見について話している

新出語： 花見，おにぎり

練習の仕方： ①イラストの状況を確認する。Sが花見を経験していればSの経験として、経験がなければTの経験ということにして練習を進める。**文型1**

留意点：
・お花見の写真や映像を見せると興味が広がる。
・「桜の木は大きかったです。」は、話し手が過去に持った印象を述べているので過去形を使う。Sから質問がなければ指摘する必要はない。

発展練習： 季節を考慮して、花火、お祭り、初もうで、旅行、サッカーの試合などから自由に選んで、ペアかグループで聞き合い、経験したことの印象を伝え

る。『文型説明と翻訳』P.94参照。

1-3.

ポイント：	過去の印象について述べられる
場　面：	先週の発表について話している
新出語：	準備，発表します
練習の仕方：	①国の大学などで発表の経験のあるＳがいたら、「発表の準備は？　時間は？　英語で発表しましたか。質問はありましたか。どうでしたか。」など、Ｓの経験を聞き、クラス全体のイメージ作りをしながら、必要な語彙を教える。経験者がいなかったら、Ｔが自分の発表した経験を話してもよい。②『メインテキスト』の練習をする。
留意点：	・発表が身近でない場合は、**1-2**の練習を十分に行い、**1-3**にかける時間は少なくてもよい。

2-1.

ポイント：	「いＡくなかったです／なＡじゃありませんでした／Ｎじゃありませんでした」
用意する物：	ⒹⒶイラストカード❷形容詞❸名詞，ⒹⒶ文字カード❹形容詞❺名詞❻文型「いくなかったです」「じゃありませんでした」
練習の仕方：	①**1-1**で「週末何をしましたか。」と聞いたとき、楽しくなさそうなようすだったＳに、「楽しかったですか。にぎやかでしたか。いい天気でしたか。アルバイトは休みでしたか。」などと答えが否定になりそうな質問をする。「いいえ」のＳの答えを受けて、過去否定形を板書で示す。②形容詞、名詞の文字カード・イラストカードで形の練習をする。P.8（2）参照。
板　書：	たのしくないです　　　　　→　　たのしくなかったです にぎやかじゃ　ありません　→　　にぎやかじゃ　ありませんでした やすみじゃ　ありません　　→　　やすみじゃ　ありませんでした
留意点：	・楽しくなさそうだったＳが見当たらない場合は、Ｔが自分の旅行や花見の楽しくなかった経験を話す。

2-2.

ポイント：	過去の否定的な印象が述べられる
場　面：	旅行の否定的な印象を述べている
新出語：	ホテル
練習の仕方：	①イラストを見ながら、Ｔが質問し、Ｓが答える。その後ペアで練習する。 **文型❷**

2-3.

ポイント：	過去の出来事に対する印象が聞ける／言える

新出語：	授業，厳しい，怖い
練習の仕方：	①テストなどを話題にして、「昨日のテストは難しかったですか。」と聞き、Sの答えを待って、答え方も確認する。『メインテキスト』の質問文を確認後ペアで練習する。 ➕α 高校生や大学生のときの学習や思い出などについて質問し合う。

2-4.

ポイント：	過去の行動を話題にして、感想が言える
場　面：	週末のことについて話している
新出語：	着物，登ります，泊まります，着ます，脱ぎます＊
練習の仕方：	①「週末何をしましたか。」と聞き、Sの答えを待って、「そうですか。どうでしたか。」と会話の流れを示す。②『メインテキスト』の1）〜4）を1つずつ確認する。（　　）に入れる印象は自由に言うよう指示して、ペアで練習する。 ➕α 週末の各自の行動について、聞き合う。

3-1. 🎤

ポイント：	時間、期間についてインタビューできる
新出語：	昼休み，一分，何分，一時間，何時間，一日，何日＊，一週間，何週間＊，一か月，何か月，一年＊，何年＊，半年＊
用意する物：	カレンダー
練習の仕方：	①「昨日の晩何時から何時までテレビを見ましたか。」などと聞き、Sの答えから「一時から一時まで」を「一時間」と言うことを教える。さらに、「一分」「何時間」「何分」「一時間半」などの「半」も教える。②カレンダーを使って「一日、一週間、一か月、一年」を紹介する。『メインテキスト』P.155を開いて発音が変わる部分にマークするよう指示する。P.9（6）参照。
留意点：	・「一日、一週間」は **3-2** の新出語だが、『メインテキスト』P.155を見るときにまとめて紹介する。 ・「一分」は5課で学んでいるが、もう一度ここで確認する。 ・「いちにち」と「ついたち」、「1かげつ」と「1がつ」の違いは、きちんと指摘しておく。

3-2.

ポイント：	所要時間が聞ける／言える，「どのぐらい」
場　面：	各都市間の所要時間を聞いている
新出語：	フェリー，かかります，どのぐらい，〜ぐらい，シアトル，ローマ，プサン，福岡，鹿児島
新出項目：	①10日ぐらいかかります。
用意する物：	ⒹⒶ文字カード❼疑問詞「どのぐらい」
練習の仕方：	①イラストで地名と交通手段を確認し、質問文を全体で練習した後、下の◻◻◻の中からかかる時間を選び、ペアで練習する。その後、クラスで答え

合わせする。┃**＋α**┃地域の事情に合わせて、（駅、〇〇スーパー、銀行、有名な観光地、Ｓの国）までどんな交通手段でどのぐらいかかるか、自由に聞き合う。

板　書：　　A：とうきょうから　シアトルまで　ふねで　┃どのぐらい┃　　かかりますか。
　　　　　　　B：　　　　　　　　　　　　　　　　　　とおかぐらい　かかります。

留意点：　　・ここでは「どのぐらい」で教えるが、「どのくらい」も許容する。「どれぐらい」「どれくらい」はＳの混乱を避けるため、使用しない。

使いましょう ┃1┃ 😊💬

ポイント：　　日本へ来たときのことについて発表できる
新出語：　　空港，重い，軽い＊，成田
練習の仕方：　①各自読んで、クラスで内容を確認する。P.10（8）参照。②ペアかグループになり、『メインテキスト』に基づいて来日したときのことを聞き合い、発表する。P.9（7）参照。

使いましょう ┃2┃ ✏️😊💬

ポイント：　　過去の経験とその感想を書いて発表できる
新出語：　　〜たち，わたしたち，橋，赤，黄色，冷たい，熱い＊
練習の仕方：　P.10（8）、（9）参照。
留意点：　　・花火の写真などを見せてイメージ作りをする。
　　　　　　　・地域のイベント情報を紹介するとよい。

会　話

場　面：　　マリー・スミスが木村洋にお土産を渡し、旅行の印象を話している
新出語：　　景色，島，撮ります，あ，ちょっと，どうぞ。，ありがとう。，宮島
留意点：　　・旅行が好きか、旅行に行って、写真を撮るか、お土産を買うか、だれにあげるかなどについて話すと、お互いを知る機会になる。
　　　　　　　・広島、宮島の旅行パンフレット、もみじまんじゅうの写真などを見せて興味を喚起するとよい。
　　　　　　　・Ｓは自分が行った旅行の話題で会話を作って発表する。
　　　　　　　・ここでは「とき」は「Ｎの＋とき」の用法に限定して扱う。「とき」は文法項目としては初級２の26課で学習する。

まとめ２

到達目標：基本的な形容詞の把握
　　　　　形容詞と名詞の活用の整理

1.

ポイント：　　　形容詞の確認

練習の仕方：　　①風船の中に反義語を書く。

発展練習：　　　①形容詞の文字カードを作って、反対語を合わせる神経衰弱をすると楽しめる。②形容詞を使って自由に文を作る。

2.

ポイント：　　　形容詞・名詞の丁寧形の活用などの整理

3.

ポイント：　　　文を読んでなぞなぞに答える

新出語：　　　鳥，髪，言葉，ライオン，くじゃく，ペンギン，人間，捕ります，珍しい，いろいろ［な］，〜の中で，答え，問題＊

練習の仕方：　　P.10（8）参照。 ┃＋α┃ ペア、グループなどで相談してなぞなぞを作って、出し合う。その際に、未習語が出た場合は適宜紹介する。

13

> **到達目標**：希望が言える
> 　　　　　行き来の目的が言える
> 　　　　　申し出ができる

1-1.

ポイント：	「Nが欲しいです」
場　面：	引っ越す予定の友達や帰国する先輩に、もらいたいものを言っている
新出語：	布団，（お）皿，コップ，欲しい
用意する物：	ⓓ文字カード❶助詞「が」
練習の仕方：	①「先輩（日本人の友達）がいますか。親切ですか。」と質問し、イラストを見て、「先輩は親切ですから、皆さんにこれをあげます。S1さん、何が欲しいですか。」と質問し、Sの答えを板書する。②イラストを見ながら、練習する。**文型1**
板　書：	わたしは　ベッド|が|　ほしいです。
留意点：	・主語は「わたし」に限定する。「S2さんは〜が欲しいです。」などと言わない。
	・目上の人に「欲しいですか。」と聞かないように注意を促す。『文型説明と翻訳』P.99参照。

1-2.

ポイント：	欲しいものについて聞ける／言える
場　面：	欲しいものについて聞いている
練習の仕方：	①Sに欲しいものを聞き、さらに「どんなNが欲しいですか。」と説明を求め、『メインテキスト』の会話の流れを示す。②4）に自分の欲しいものを記入してから、『メインテキスト』を見てペアで練習する。 +α クラス内で自由に欲しいものについて聞き合う。
留意点：	・「どんなパソコンが欲しいですか。」という質問には「小さいパソコン」「IBMのパソコン」「アメリカのパソコン」のどの形で答えてもよい。
	・欲しいものが「時間」や「お金」の場合、「どうしてですか。」と尋ねると会話が続く。
	・Sから「旅行が欲しい／寝ますが欲しい」などの答えが出たら「欲しい」はものだけに使えることを教える。出てきた「旅行」「寝ます」などを隅に板書しておいて、**2-1**で利用する。
発展練習：	「子供のとき、何が欲しかったですか。」「自転車が欲しかったですか。」な

ど聞き合う。

2-1.
ポイント：　「NをVたいです」

場　面：　刑務所にいる囚人がしたいことを考えている

新出語：　ただいま。

用意する物：　🅓文字カード❻文型「ます」「たいです」

練習の仕方：　①「すしが好きですか。食べたいですか。」と聞き、動作の場合は「〜たいです。」を使うことを教える。**1-2**で隅に板書したものがあれば、その板書を利用して教えてもよい。②イラストの場面を確認してから、練習する。
　　　　　＋α「わたしは日本の歌を歌いたいです。Bさんは？」「わたしはプールで泳ぎたいです。Cさんは？」などと自分のしたいことを聞き、「はい」のSがいたら、「じゃ、一緒に〜ませんか。」と誘う。**文型❷**

板　書：　わたしは　すしを　たべ 　ます 　。→たべ 　たいです 　

留意点：　・すしの写真を見せると質問しやすい。
　　　　　・このテキストでは、助詞は「が」に変えず、「を」のままで練習する。

2-2.
ポイント：　「Vたくないです」

場　面：　女性が誘われて、断っている

用意する物：　🅓文字カード❻文型「～くないです」

練習の仕方：　①S（女性）に「ケーキを食べたいですか。」と聞き、「はい」という答えを待って、『メインテキスト』のイラストの状況を示し、「じゃ、この人と一緒にケーキを食べたいですか。」と問いかけ、Sの「いいえ」の答えを待って、「〜たくないです」と言うことを教え、練習する。

板　書：　ケーキを　たべたいです。→たべた 　～くないです 　

留意点：　・「トイレの掃除をしたいですか。」などSが嫌がりそうなことを例にして聞いてもよい。
　　　　　・「Vたくないです。」は強い否定の気持ちを表す（『メインテキスト』のイラスト参照）ので、相手に配慮するときは「ちょっと……。」などの答え方も示しておく。

2-3.
ポイント：　欲しいほうを選んで、理由が述べられる

練習の仕方：　P.9（6）参照。

留意点：　・クラス全体で集計して発表しても面白い。

3-1.

ポイント： 「N（場所）へV~~ます~~に行きます」

新出語： 市役所，市長，遊びます，返します，迎えます

用意する物： ⓓⒶ文字カード❶助詞「に」「へ」

練習の仕方： ①「友達のうちへ行きます。」と言いながら、「友達のうちへ」と「行きます」を間を空けて板書する。「友達のうちで何をしたいですか。」と聞き、Ｓのいろいろな答えを板書して、形を確認する。②イラストの内容を確認して練習する。➕α イラストのほかに何をしに行くかを自由に考えて、発表する。

板　書：

ともだちの　うち[へ]　　ゲームを　し~~ます~~　　　[に]　いきます。
　　　　　　　　　　　　あそび~~ます~~……

留意点： ・「へ」を「で」とする誤用が多いので特に注意する。「（場所）へ行く」ことを強調し、助詞は「へ」であることを教える。
・ポイントを１つにするため、ここでは「行きます」に限定し、「来ます、帰ります」は練習しない。しかし、Ｓから「国へ両親に会いに行きます。」などの例が出たら、「帰ります」を使うことを示す。

3-2.

ポイント： 「N1（場所）へN2に行きます」

新出語： 工場，見学，スキー，ハイキング

用意する物： ⓓⒶ文字カード❶助詞「に」「へ」

練習の仕方： ①「ハイキングが好きですか。どこへ行きますか。」などと質問し、「山へハイキングに行きます。」と言うことを示す。さらに「工場へ見学に行きます。」と言って、板書で確認する。②『メインテキスト』を参考に文を作る。➕α『メインテキスト』のアンダーラインを「アルバイト、旅行、花見」などに変えたり、（　　）には、住んでいる地域の近くの施設や名所などを入れたりして練習するとよい。**文型3**

板　書： こうじょう[へ]　けんがく[に]　いきます。

留意点： ・「工場へ見学しに行きます。」でもいいかという質問が出たら、「いいですが、短い答えのほうが便利ですね。」と答える。
・「映画、コンサート」など、する動詞にならないものは出さない。

3-3.

ポイント： 「N（場所）へV~~ます~~に来ました」

場　面： 文化センターへ用事があって来た２人が入り口の前で話している

2章 各課の教え方

13

新出語：	ホール
練習の仕方：	①Sの国に文化センターのような施設があるか、あればそこで何をするかを聞く。②メインテキストの文化センターのイラストでは、来た人が何をしているか確認する。③イラストのAとB、2人の状況を確認後、Bが何をしに来たか板書で示し、ペアで練習する。

4-1.

ポイント：	助けの申し出ができる，「Vましょうか」
新出語：	持ちます，手伝います，洗います，ありがとうございます。
用意する物：	**DA**文字カード**6**文型「ましょうか」
練習の仕方：	①例）のイラストの右側の人について、Tが「天気はどうですか。」などと導きながら「雨です。友達はうちへ帰りたいですが、傘がありません。」とSに説明を求める。その状況で左の人が右にいる友達に「傘を貸しましょうか。」と言うことを教える。同様にクラス全体で1）～5）の1つ1つの場面を確認して、申し出の言葉を言う。②2人ずつ前に出て、その状況を再現する。**文型4**

板　書：	かさを　かします。→かし ［ましょうか］

留意点：	・「～ますか」「～ませんか」「～ましょう」「～ましょうか」の違いをSが聞いてくることが多いので、P.155、157を参考に、整理しておく。 ・申し出を断るときは「いいえ、大丈夫です。」という言い方を紹介する。

4-2.

ポイント：	自分がしたいことを説明して依頼ができる，「Vたいんですが……。」，V~~ます~~+方
場　面：	リン・タイがボランティアの木村春江に依頼している
新出語：	～方，作り方，相撲，チケット，使います，歌舞伎座
新出項目：	①すき焼きを作りたいんですが……。②作り方
用意する物：	**DA**文字カード**6**文型「ます」
練習の仕方：	①Tが、「漢字の書き方を教えます。書き方。」と説明しながら漢字を書き、板書で「V~~ます~~+方」を確認する。「コピーの使い方」「漢字の読み方」など少し練習する。②Tが「（タイ）料理を作りたいんですが……。」と言って、Sの国の料理について話題にして、Sが「～ましょうか。」と言いやすい状況を作る。Sの答えを受けて板書する。③『メインテキスト』に沿って練習する。

板　書：	かき ［ます］ ＋かた　→　かきかた A：タイりょうりを　つくりたいんですが……。 B：つくりかたを　おしえましょうか。

| 留意点： | ・歌舞伎、相撲などの映像、写真、イラストなどを見せるとよい。
・発話の際、「〜たいんですが……。」の「が」を強く発音しないよう指導する。
・「が……」で省略することで話し手の遠慮を表していること、聞き手は、後に続く文の内容を察して対応する必要があることを示す。
・「たいんですが……。」は「たい」を使って希望を述べているが、実際の会話では依頼の際によく使われることを意識して教える。 |

使いましょう

ポイント：	将来についてインタビューできる，自分の将来を発表できる
新出語：	大学院，ロボット，工学，ロボット工学，将来，一年生，―（年）前に，頑張ってください。，どうしますか。
練習の仕方：	①将来何をしたいか、各自紙に書く。その際TはSの書いたものをチェックして、Sが必要な語彙を教える。②CDで会話を聞き、内容を確認する。③会話の流れに沿って、ポイントとなる言葉を板書しながら、モデルを示す。④ポイントを見て、ペアで練習する。
板　書：	

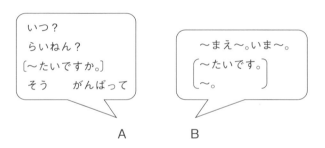

| 留意点： | ・「いつ」の答えは「一年／去年」などもあるが、ここで「一年前／一か月前」という表現を教える。
・『文型説明と翻訳』P.102 **2** 参照。 |

会話

場　面：	お祭りに参加したリン・タイとマリー・スミスが話している
新出語：	痛い，大丈夫［な］，疲れました。，のどが渇きました。，おなかがすきました。
新出項目：	②何か食べたいです。
留意点：	・お祭りの映像、写真などを見せるとイメージしやすい。どうして手が痛いのか分からないSもいるので、おみこしの説明が必要である。
・「何か食べたい、どこか行きたい」の「か」はここで初出なので、意味と使い方を確認する。
・ここでは「どこか」で教えるが、「どこかへ」でもよい。P.165参照。

14

到達目標：動詞のグループ分けができる
　　　　　趣味が話せる
　　　　　何ができるか、どこでできるか言える／聞ける
　　　　　動作の前後関係（～まえ）が言える
　　　　　普通体の会話（Ｖる？　Ｖる。）ができる

ポイント： 　動詞のグループ分け

用意する物： 　五十音表（『メインテキスト』カバーの裏），**DA**イラストカード❶動詞，**DA**
文字カード❸動詞（ます形）

練習の仕方： 　①使用する文字カードをあらかじめグループごとに３つに分類し、Ⅰグル
ープはカードを「い、き、ぎ、し、ち、に、び、み、り」の順にしておく。
（このテキストでは、5段活用の動詞をⅠグループ、上一段と下一段活用
の動詞をⅡグループ、か行とさ行変格活用の動詞をⅢグループと呼ぶ。）②
Ⅰグループの動詞の文字カードを見せて「ます」の前に着目し、五十音表
で「ます」の前が「い段」であることを確認し、1語ずつ板書する。動詞
の文字カードは、「ます」の前の1字を目立たせると分かりやすい。板書
の際は「ます」の前の文字がそろうように書く。③Ⅱグループの文字カー
ドを見せて、「ます」の前が「え段」のものはⅡグループであることを教
え、板書で確認する。④「みます・起きます・います・借ります・着ます」
の文字カードを見せ、「ます」の前が「い段」でも、Ⅱグループの動詞があ
ることを教える。⑤Ⅲグループは「来ます」と「します」だけであること
を示し、板書する。⑥すべての動詞の文字カードをシャッフルしてＳに1
枚ずつ見せて、グループを確認する。⑦『メインテキスト』P.199のチャ
ートの既習の動詞を見ながら、ペアでグループを確認する。その後クラス
全体でイラストカードを使って確認する。さらに、Ｔが動詞を口頭で言い、
Ｓがグループを言う練習をする。

板　書：

Ⅰグループ	Ⅱグループ	Ⅲグループ
i-ます	e-ます	きます
かいます	たべます	します
かきます	ねます	さんぽします
およぎます	i-ます	
はなします	います	
まちます	おきます	
しにます		
あそびます		
よみます		
とります		

留意点：
・このテキストでは、i-ますのⅡグループは、上記以外に「できる、降りる、浴びる14課」「煮る15課」「足りる21課」がある。これらの動詞の文字カードには小さく印をつけて、シャッフルしても区別がつくようにしておく。可能ならこれらの動詞のイラストカードを教室に張っておき、折に触れてチェックできるようにしておくとよい。

・「ききます」と「きます」、「あいます」と「います」、「のみます」と「みます」などの動詞を「ます」の前に着目して同種と誤解したり、Ⅰグループの「はなします」などをⅢグループと誤解したりするSもいるので注意する。

1.

ポイント：　動詞辞書形

新出語：　待ちます，死にます，ます形，辞書形

用意する物：　五十音表（『メインテキスト』のカバーの裏），**DA**イラストカード❶動詞，**DA**文字カード❸動詞（ます形）

練習の仕方：　①辞書を引いても、「食べます、行きます」などの形では載っていないことを確認する。Sが近くに「食べる、行く」を見つけたら、辞書に載っている形（辞書形）を勉強すると言う。②グループ分けした板書を消さずにおいておく。Ⅰグループのます形の右に辞書形を板書する。五十音表の「う段」を示し、「かいます」→「かう」となることを教え、「あいます」など同種のものを確認していく。次に、「かきます」→「かく」などと同様に進める。さらに、Ⅰグループの文字カードをランダムに見せて、辞書形を作る練習をする。③ⅡグループとⅢグループの動詞の辞書形を教える。その際は五十音表は必要ない。④Ⅰ～Ⅲグループのます形の動詞の文字カードをランダムに見せて、辞書形に変える練習をする。⑤『メインテキスト』P.199のチャートの既習の動詞を使って、ペアで辞書形を確認後、クラス

全体でイラストカードで再確認する。⑥Tがます形を言って、Sが辞書形を書くなど、最後に書いて確認する。P.8（2）参照。**文型1**

板　書：

Ⅰグループ	
ますけい	じしょけい
か**い**ます	か**う**
か**き**ます	か**く**
およ**ぎ**ます	およ**ぐ**
はな**し**ます	はな**す**
ま**ち**ます	ま**つ**
し**に**ます	し**ぬ**
あそ**び**ます	あそ**ぶ**
よ**み**ます	よ**む**
と**り**ます	と**る**

Ⅱグループ	
ますけい	じしょけい
たべます	たべ**る**
ねます	ね**る**
あけます	あけ**る**
います	い**る**
おきます	おき**る**

Ⅲグループ	
ますけい	じしょけい
きます	**くる**
します	**する**
さんぽします	さんぽ**する**

留意点：
・Ⅱグループの「i-ます」の動詞は間違えやすいので、繰り返し注意を喚起する必要がある。
・『文型説明と翻訳』の語彙には、14課まではます形で、15課からは辞書形で表示されている。

2-1.

ポイント：　「わたしの趣味は　Vdic.こと／N　です」

練習の仕方：　①サッカー好きなSに「Sさんはサッカーが好きですか。Sさんの趣味はサッカーです。見ますか。しますか。」と聞き、「Sさんの趣味はサッカーを見ることです。」と確認する。次にTが本を読む動作をして「わたしの趣味は本を読むことです。」と言って板書する。その際動詞は辞書形を使うことを示す。②『メインテキスト』の練習をする。**＋α** それぞれの趣味を言う。**文型2**

板　書：　<u>わたしの　しゅみは　ほんを　よむ</u>　ことです。
　　　　　　　　　　　　　　　　　Vdic.

留意点：
・「Sさんは趣味は」とならないように気をつける。
・「趣味はNです。」は1課で既習なので、「Vdic.＋こと」を中心に練習する。

2-2.

ポイント：　趣味が聞ける／言える

新出語：　〜とか

新出項目：　①犬とか、猫とか。

練習の仕方：	①写真が趣味のSにどんな写真を撮るかを聞く。その際出てきたものをもとに、「〜とか、〜とか」ということを教える。②『メインテキスト』のイラストの会話の流れに沿ってクラスで練習する。 +α クラス内で「趣味は何ですか。」と聞き合い、会話を進める。インタビュー後グループで「〜さんの趣味は〜です。」と発表し合ったり、珍しい趣味をクラスで発表したりする。
板　書：	<u>ねこ</u>とか、<u>いぬ</u>とか。
留意点：	+α で、例えば「サッカーを見ることです。」という答えが出てきたら、「どの選手が好きですか。」などと聞いて、話題を広げるとよい。

3-1.

ポイント：	「Vdic.こと／Nができます（能力）」
新出語：	ギター，弾きます，できます，―メートル，何メートル
練習の仕方：	①Tが背中で手を握ったり、寄り目をしたり、耳を動かしたりしてみせ、「できますか。」とSに問いかける。②「できます」の意味が分かったところで、「中国語ができますか。」などと聞き、助詞が「が」であることを板書しながら示す。③S全体に向けて「ピアノ？」「ギター？」と聞いて、できるSを探し、「S1さんはギターを弾くことができます。」と板書で示す。④『メインテキスト』のイラストの動詞（辞書形）を確認後、練習する。（　　）は自由に考える。 +α 「泳ぐことができますか。」などとペアでできるかどうかを聞き合い、クラスで「S1さんは〜ことができます。」と発表する。**文型3**

板　書：	
	ちゅうごくごが　できます。
	<u>S 1さん</u>は　<u>ギターを　ひく</u>　ことが　できます。
	V dic.

留意点：	・お手玉や剣玉、こまなどを使うと盛り上がる。
	・4）吹き出しの漢字は中国語であることを表しているので、分からないSがいたら教える。

3-2. 🎤

ポイント：	できることについてインタビューできる
新出語：	畳，彼，彼女，座ります，立ちます＊
練習の仕方：	①畳に座る際の座り方を実演する。②語彙を確認後、インタビューする。P.9（6）参照。
留意点：	インタビューの発表後、「〜さんは畳に1時間座ることができます。」などクラスのナンバーワンを発表してもよい。

4-1.

ポイント：	「Vdic.ことができます（状況可能）」
新出語：	料金，電話料金，生け花，忍者，払います，箱根，長野，三重，忍者村，文化センター
練習の仕方：	①携帯電話を持っているか、1か月の電話料金はいくらかかるか、どこで払うかなどを話題にし、Sの答え「コンビニで払います。」などを待って、「え？　コンビニでできますか。」と聞き、板書して、「～ことができる」と言えることを教える。②Sの国の有名なものなどを話題にして、「どこで買うことができますか。」などと聞き合う。③「生け花、スキー、温泉、忍者」など『メインテキスト』の内容についてグループで知っているかどうか話し合って、興味を喚起する。④質問文を確認後、ペアで練習する。P.9（5）参照。**文型4**
板　書：	A：　　どこで　でんわりょうきんを　はらうことが　できますか。 B：<u>コンビニで</u>　　　　　　　　　　　　　　　できますよ。
留意点：	・電話料金などの請求書を見せて、「料金を払いたいです。どこで払うことができますか。」などと聞くと分かりやすい。 ・「ことができる」は「わたしは泳ぐことができる。」とその能力があることを示すだけでなく、「ここで泳ぐことができる。」のように、ある条件下で可能となることを表す場合にも用いられる。Sの母語によっては、表現が異なる言語もあるので、どちらにも使えることを示す。
発展練習：	①見返しの日本地図を参照して、どこで何ができるかを言い合うこともできる。またこの練習は日本事情がテーマになっているが、Sのお国事情や世界遺産など、質問の内容を広げることができる。②コンビニで何ができるか言い合う。自国のコンビニとの比較をしてもよい。『文型説明と**翻訳**』P.109参照。

4-2.

ポイント：	できることや特長を確認して、比較できる，「Nができる」
場　面：	旅行の宿泊先をどちらにするか相談している
新出語：	カラオケ，浴衣，ペット，バーベキュー，テント
練習の仕方：	①クラス全体を海ホテルのグループと山ホテルのグループに分ける。②イラストを見て、自分のホテルでできることを言う。イラスト以外でも、自分のホテルのいいところをできるだけたくさん考えて、Sが板書する。③Sは、どちらのホテルがいいかを決め、その理由も考えて、吹き出しの表現を使ってペアで話す。④自分の好きなホテルとその理由を発表する。

板　書：

> うみホテル
> 1．おんせんに　はいる　ことが　できます。
> 2．

> やまホテル
> 1．やすいです。
> 2．

留意点：
・「景色がきれい、きれいな鳥がいる」などのイラストにないセールスポイントを考えてもよい。
・相手の意見と自分の意見が違うときも「そうですね。」と言って相手の意見をまず受け入れてから、「でも、～もいいですよ。」と自分の意見を軟らかく言う方法を教える。

5-1.

ポイント：　就寝前に何をするか言える，「寝るまえに、V」
新出語：　目覚まし時計，シャワー，歯，セットします，浴びます［シャワーを～］，磨きます，～まえに
練習の仕方：　①「毎晩何時に寝ますか。」と聞く。12時に寝るというSに、「11時半ごろ、11時50分ごろ、何をしますか。」と聞き、Sの答えを板書して、「～まえに」ということを教える。②『メインテキスト』の練習をする。

板　書：　ねる　まえに、

> めざましどけいを　セットします。
> トイレへ　いきます。……

留意点：　・「～まえに」の文は実際の行動が文の流れと逆になるので、混乱しやすい。不自然な表現にならないよう注意を払う。

5-2.

ポイント：　「V1 dic. まえに、V2」
新出語：　出かけます，消します，乗ります，降ります＊
練習の仕方：　『メインテキスト』のイラストを見て「～まえに」の部分を確認しながら、「毎朝何時に出かけますか。出かけるまえに、何をしますか。」などと聞き、ペアやグループで文の後半を自由に作る。
留意点：　・「消す」の反義語「つける」は22課の新出語だが、ここで一緒に教えてもよい。
・（　）は、既習の「～ました」「～たいです」などを学習者の状況に合わせて「日本へ来るまえに日本語を勉強しました。」「日本へ行くまえに、漢字を勉強したいです。」のように使ってもよい。

5-3.

ポイント：　「Nのまえに、V2」

2章　各課の教え方

14

93

新出語：	スピーチ

用意する物： 〔DA〕文字カード❶助詞「の」

練習の仕方： ①「食事のまえに、何をしますか。」と聞き、Sの答えを板書して、「Nのまえに」となることを確認する。②『メインテキスト』の練習をする。**文型5**

板　書：

しょくじ [の] 　まえに、　てを　あらいます。
　　　　　 N

友達の会話👥

ポイント： 親しく話せる（肯定のみ）

場　面： 友達と何をするか話している

新出語： うん

練習の仕方： ①「何か、食べますか。」と丁寧に改まった口調で言って板書する。「何か、食べる？」と親しげな口調で言って板書する。「何か、食べる？」は友達の会話であることを示す。答えの「はい、食べます。」を板書してから、友達のときは「うん、食べる。」ということを教える。さらに「何、食べる？」と重ねて聞き、「を」は言わなくていいと言い、板書する。P.10（10）参照。

板　書：

A：なにか、　たべますか。	A：なにか、たべる？⤴
B：はい、　　たべます。	B：うん、　たべる。
A：なにを　　たべますか。	A：なに、　たべる？⤴
B：ケーキを　たべます。	B：ケーキ。

留意点：

・日本で生活しているSは、日ごろ日本人の話す日本語と教室で習う日本語のギャップを感じているので、友達の会話を喜ぶ。ただし、教師や目上の人、親しくない人には使ってはいけないことを初めの段階から教えておく。

・「丁寧体」「普通体」について質問があった場合は『文型説明と翻訳』P.108参照。

・質問の文と答えの文のイントネーションの違いを板書でも示し、繰り返し練習する。

・このテキストでは普通体の会話では、助詞「を、は、が」は使わない。

・Sに「ケーキ、食べる？」などと聞かないこと。「ううん、食べない。」は17課で学習する。

使いましょう✏

ポイント： 趣味について読める／書ける

新出語： ブログ，バスケットボール，ボウリング，スノーボード，ダンス，空手，始めます，見せます，載せます，この前

新出項目： ②上手ではありません。

練習の仕方： ①各自読んでから内容確認後、自分の趣味について書く。P.10（8）、（9）
参照。

留意点： ・名詞とな形容詞の否定形は、話すときは「じゃありません」、書くときは
「ではありません」となることを教える。

会話

場　面： アラン・マレと渡辺あきが趣味について話している

新出語： 曲，自分で

留意点： ・『メインテキスト』の会話の後で、ペアで自分の趣味について会話を作
り、発表してもよい。

15

> **到達目標**：依頼・指示・勧めることができる
> 進行中の動作が描写できる
> 普通体の会話（Vて）ができる

1.

ポイント： 動詞て形

新出語： 急ぐ，て形

用意する物： ⒟Ⓐイラストカード❶動詞，⒟Ⓐ文字カード❸動詞

練習の仕方： ①Ⅰグループの動詞の文字カードを「って」「んで」「いて、いで、して」に分けておく。②クラスで「聞いてください。」「見てください。」などと指示をしている場合は、今日は「〜てください。」の勉強だと言う。③動詞の辞書形をグループごとに板書して、グループ分けを確認する。④Ⅰグループの動詞の最後の文字が「う、つ、る」になるものは、「って」になると教えて、文字カードで練習する。「む、ぶ、ぬ」は「んで」と教えて練習する。「く」は「いて」で、「ぐ」は「いで」、「す」は「して」となることを示し、それぞれ動詞の文字カードを使って練習する。⑤Ⅰグループだけ文字カードをシャッフルして練習する。⑥ⅡグループとⅢグループの動詞のて形も教え、個別に文字カードを使って練習する。⑦すべての動詞の文字カードをシャッフルして練習する。⑧イラストカードを使って全体で練習後、『メインテキスト』P.199のチャートでペアで確認しながら練習する。⑨Tが辞書形を言って、Sがて形を書く作業もして、表記もきちんとできるか確認する。P.8（2）参照。**文型1**

板　書：

Ⅰグループ

じしょけい	てけい	
か**う**	か**って**	う
ま**つ**	ま**って**	つ→って
と**る**	と**って**	る
よ**む**	よ**んで**	む
あそ**ぶ**	あそ**んで**	ぶ→んで
し**ぬ**	し**んで**	ぬ
か**く**	か**いて**	く→いて
いそ**ぐ**	いそ**いで**	ぐ→いで
はな**す**	はな**して**	す→して
*い**く**	い**って**	

Ⅱグループ

じしょけい	てけい	
ね**る**	ね**て**	
たべ**る**	たべ**て**	る→て
み**る**	み**て**	

Ⅲグループ

じしょけい	てけい
くる	**きて**
する	**して**

留意点： ・クラスで「聞いてください。」などの指示をしていない場合は、チョコレー

96

トなどをSにあげて、「食べてください。」と言って、「〜てください。」の用法を示す。

・Sの負担軽減のため、Ⅱグループから始めてもよい。

・TもSも、活用が複雑なⅠグループに意識が集中しがちだが、かえって簡単なⅡグループに「たべって」などと間違いが生じやすいので、時間を取って練習する。

・て形の活用は一度には身につかない。16課でも十分な練習をする。また17課以降でも、Sのようす次第で、毎回授業のはじめに文字カードで練習したり、小テストを行ったりするとよい。

・11課**5**で学習した形容詞（「大きくて」「元気で」）、名詞（「学生で」）も含めて本書では「て形」と呼ぶ。

2-1.

ポイント：	「Vてください」
新出語：	プリント，集める，コピーする
用意する物：	**DA**イラストカード**❶**動詞，**DA**文字カード**❸**動詞
練習の仕方：	①動詞の文字カードとイラストカードを使って、て形の形の確認をしてから「食べてください。」と板書し、練習する。Sの発話に合わせてTがそのジェスチャーをしながら練習を進める。②TがSに「本を読んでください。（宿題のプリントなどを配り）、答えを書いてください。プリントを集めてください。」などと指示して、そのとおりにジェスチャーしてもらう。③ペアで、S1が『メインテキスト』P.199のチャートの中から動詞を選んで「〜てください。」と言う。S2はそのジェスチャーをする。**文型2**

板　書：	たべて　ください。 　Ｖて

留意点：	・「〜てください」は指示・依頼の表現であるため、聞き手がジェスチャーを必ず行って行為者となることを明確にする。 ・P.199のチャートの**㉑**「ある」と**㊶**「死ぬ」は練習から除く。

2-2.

ポイント：	指示ができる，「Vてください」
場　面：	料理教室でインド人の先生がカレーの作り方を教えている
新出語：	なべ，切る，入れる，煮る，並べる
練習の仕方：	①イラストの状況を確認し、「カレーを作ります。何をしますか。」と聞き、イラストの手順を確認しながら、例）〜4）の必要な語彙を教える。②Sが「野菜を洗ってください。」などと言って指示する。Tが「はい、洗います。」と洗うジェスチャーをする。クラス全体で練習後、ペアで練習する。その際、指示を受けたSはジェスチャーをする。
発展練習：	①国ごとや地域ごと、または作りたい料理ごとにグループを作る。②料理

の作り方のレシピを作り、作り方をほかのグループに教える。

留意点： ・カレーの写真、おもちゃの野菜などを使うとよい。

・必要なら「混ぜる、焼く、炒める」などを教えてもよい。『文型説明と翻訳』P.116参照。

2-3.

ポイント： 依頼ができる，「Ｖてください」

新出語： ボール，取る，言う，修理する，もう一度，すぐ，どうぞ

練習の仕方： ①Ｔから離れたところにイラストカードを置いておく。Ｓに「すみません、そのカードを取ってください。」と言って取ってもらい、依頼の表現であることを教える。さらに「ボールペンを貸してください。」「窓を開けてください。」などの依頼をする。②『メインテキスト』のイラストが表す状況を確認しながら練習する。

発展練習： 「漢字を書く、窓を開ける、先生の近くへ行く、かばんを持つ、宿題のプリントを見せる」などクラス内でできる行動を書いたカードを作って、カードに書いてある内容をペアで依頼しあう。

留意点： ・2）は体育館の受付でボールを借りている場面。

3.

ポイント： 勧めることができる，「Ｖてください」

場　面： 訪問客に応対している

新出語： スリッパ，上がる，履く，どうも，失礼します。，いただきます。

練習の仕方： ①日本人の友達の家へ行ったことがあるか、テレビのドラマなどで見たことがあるかどうかなどを聞き、あればその内容で具体的なイメージを作る。②イラストを見ながら、勧めるときに何と言うか一緒に考えていく。「失礼します、どうもありがとうございます、いただきます、はい」など、勧められたときの表現も練習する。 ＋α 『メインテキスト』の場面に合わせて、ロールプレイする。 **文型3**

留意点： ・家庭を訪問する写真や映像を見せるとよい。

4.

ポイント： 目上の人により丁寧な依頼ができる，「Ｖてくださいませんか」

場　面： 学生が先生に依頼している

新出語： 参考書，資料，推薦状，すみませんが、～，いいですよ。

練習の仕方： ①進学希望のＳに「いい参考書が欲しいですか。」などと言って興味を引き、欲しいというＳの「教えてください。」「見せてください。」などの発話を引き出し、丁寧に言う表現「～てくださいませんか。」を板書で示し、発話の初めに「すみませんが」とつけること、答えの「ええ、いいですよ。」も教える。②『メインテキスト』の項目について状況を確認して、練習する。 ＋α ＳがＴに頼みたいことを自由に言い、Ｔはその都度、「ええ、いいですよ。」とか「それはちょっと……。」などと受け答えをする。 **文型4**

| 板　書： | Ａ：すみませんが、<u>いい　さんこうしょを　おしえて</u>　くださいませんか。 |
| | Ｂ：ええ、いいですよ。 |

留意点：　　　・進学希望者が多いクラスでは、参考書、辞書、大学の資料や推薦状の実
物などを見せると興味を引くことができ、理解しやすい。
　・Ｓが社会人や主婦などの場合、Ｓの状況に合わせて場面設定をして練習
する。その際ロールカードを作ると練習がスムーズに進む。
　・**3**の「てください（勧める表現）」と、**4**の「Ｖてくださいませんか（丁
寧な依頼）」は、形が似ているのでＳが混乱することがある。「どうぞ上が
ってくださいませんか。」とは言えないので注意する。

5-1.

ポイント：　　情景描写ができる，「Ｖています（進行）」
場　面：　　　スバル日本語学校の学生が仲間と一緒にパーティーをしている
練習の仕方：　①クラスのＳのようすを見て、友達と話しているＳ、お茶を飲んでいるＳ、
本を見ているＳなどについて描写し、板書で示す。さらにＴが漢字を書き
ながら、「わたしは漢字を書いています。」と言って、動作の進行を表して
いることを確認する。②『メインテキスト』のイラストの状況、人物、動
作を確認しながら練習する。

板　書：　　　<u>Ｓ１さん</u>は　<u>Ｓ２さん</u>と　<u>はなして</u>　います。
　　　　　　　　　　　　　　　　　　Ｖて

留意点：　　　・Ｓに「チョコレートを食べますか。」と聞き、「はい、食べます。」と言っ
たらあげて、実際に食べるよう勧め、食べているときに「Ｓさんはチョコ
レートを食べています。」と言い、食べ終わったところで、「食べました」
と言って「ています」と「〜た」の区別を明確に教えてもよい。
　・イラストカードや『メインテキスト』のチャートを使って「食べていま
す」と教えると、「食べます」との違いが分からなくなってしまうので、学
習者の実際の動作を使って教える。

5-2.

ポイント：　　誘うために相手の状況を確認できる
場　面：　　　**5-1**で電話をかけているトム・ジョーダンが、田中正男たちを誘う電話を
している。
練習の仕方：　ＴがＳに誘いの電話をかけ、会話の例を示す。

友達の会話👥

ポイント：　　指示が分かる／友達に頼める，「Ｖて。」
場　面：　　　パーティーが終わって、学生がボランティアの木村春江の指示で後片付け

を手伝っている

新出語：	ごみ，台所，捨てる，運ぶ，ふく
練習の仕方：	①TがSに「S1さん、ごみ、捨てて。」「S2さん、窓、開けて。」「S3さん、電気、消して。」などと言い、指示どおりのことを実際にしてもらい、板書する。②イラストの状況を確認後、1人のSを木村役に設定し、ほかのSに指示をする練習をする。 ＋α ペアで、「ノート、見せて。電話番号、教えて。」など自由に友達に頼む。P.10(10) 参照。

板　書：	ポンさん、<u>ごみ　すてて</u>。 　　　　　　　 V て

留意点：	・目下の人や親しい友達だけに使えることを示す。 ・下がり調子で発音すると命令のように聞こえるので、Sのイントネーションにも注意する。

使いましょう

ポイント：	状況説明ができる
場　面：	リン・タイがナレーションをしながら、ビデオ撮影をしている
新出語：	危ない
練習の仕方：	①『メインテキスト』を読み、内容を確認する。P.10(8) 参照。②イラストからほかの人の行動について話す。P.9(7) 参照。
留意点：	・「～ています。」に限らず、「レストランがあります。～を食べることができます。」など自由に表現する。
発展練習：	学校の校外学習、Tの家族の映像、お花見の映像などを見せて描写するとイメージしやすい。

会話

場　面：	ポン・チャチャイが市営体育館の受付で利用申し込みをしている
新出語：	コート，住所，ほかの
留意点：	・日本でスポーツをしているかなどを話題にして、最寄りの公共施設を紹介すると身近に感じられる。 ・「ここに名前を書いてください。」の助詞「に」についてはP.170参照。

16

> **到達目標：**許可を求めることができる
> 規則について言える
> 自分・家族の住居・仕事について話せる
> 一連の動作や手順が言える
> 目的地までの行き方が言える

1-1.

ポイント： 　許可を求めることができる，「Vてもいいです」

場　面： 　ユースホステルで、受付の人に許可を求めている

新出語： 　チェックする，ユースホステルへようこそ，湯

練習の仕方： 　①イラストの中に何があるか、この人は何をしたいか、だれに許可を求めるかを確認する。「窓を開けてもいいですか。」と許可を求めていることを示し、板書で確認後、練習する。 **＋α** 授業中にしたいことをSに自由に言ってもらい、板書する（「トイレへ行く、窓を開ける、エアコンを消す、本を見る、お茶を飲む」など）。その後、板書を見ながら、「窓を開けてもいいですか。」などとコーラスで練習する。Tは「ええ、いいですよ。どうぞ。」「すみません、ちょっと……」などと答え、**1-2**の前に受け答えを耳に入れておく。

板　書： 　まどを　あけても　いいですか。
　　　　　　　　　　　Ｖて

留意点： 　・許可が必要な場面であることを意識して教える。

1-2.

ポイント： 　許可を求められたとき、答えられる

新出語： 　置く，止める，あのう

練習の仕方： 　①イラストの例を見ながら、「ここはどこですか。これはだれの荷物ですか。この人は何をしたいですか。」などと状況を確認し、何と言うかSと一緒に考える。声をかけるとき「あのう、すみません。」と言うことを教える。「はい」の場合と「いいえ」の場合の答え方を教える。②クラス全体でイラストの人物が何をしたいかを確認し、ペアで聞き合う。P.9（4）参照。
　　　　　　　文型1

2-1.

ポイント： 　規則（禁止）が言える・「Vてはいけません」

2章　各課の教え方

16

101

新出語：　　　たばこ，吸う［たばこを〜］，（お）菓子

練習の仕方：　①『メインテキスト』のマークを見て、分かるか、どこで見たかなどを話して、興味を喚起する。禁止する表現として「入ってはいけません。」と言うことを教え、板書で確認する。1）〜6）も同様に練習する。 ＋α ①「授業のとき、お菓子を食べてはいけません。」などと、教室の中でしてはいけないことを各自考えて言う。②Sの国にある珍しい標識（できればイラストも書いてもらう）や、寮やアパートなどの規則についてほかのSに紹介する。文型2

板　書：　　　<u>はいっては　いけません</u>。
　　　　　　　　　Ｖて

発展練習：　　いろいろなマークを用意して練習する。

2-2. 🎤

ポイント：　　各国の規則が聞ける／言える

新出語：　　　中学生，美術館，結婚する

練習の仕方：　語彙を確認後、質問事項について、日本の状況を紹介する。その後、インタビューする。P.9（6）参照。

留意点：　　　・「〜てはいけません」はルールとして決まっているときに使い、「すみません。ちょっと……」は個人的にやめてほしいときに使うことを教える。
　　　　　　　　・日本やSの国の規則について、事前に調べておくとよい。

3-1. 👤📋

ポイント：　　習慣的な動作・結果の状態が発表できる・「Vています」

場　面：　　　レ・ティ・アンが自己紹介している

新出語：　　　住む

練習の仕方：　①イラストを見ながら、アンさんは何と言うかを1つずつ確認し、板書する。②Sがそれぞれ自己紹介する。文型3

板　書：　　　<u>とうきょうに　すんで</u>　います。
　　　　　　　　<u>ITコンピューターで　はたらいて</u>　います。
　　　　　　　　<u>けっこんして</u>　います。

留意点：　　　・Sから質問がなければ、動作の進行（15課）との意味の違いに触れる必要はない。

3-2. 📖❓

ポイント：　　他人の習慣的な動作・結果の状態が聞ける／言える

新出語：　　　服，デザイン，会社，経営する，ローラ，モハメド

練習の仕方：　イラストの内容をクラスで確認後、ペアで練習する。P.9（5）参照。

留意点：	・5）の「会社を経営しています」が出にくいのでTが示す。

3-3.

ポイント：	「知っています」と「知りません」が使える
新出語：	場所，番号，電話番号，メールアドレス，知る，聞く，さくら大学
新出項目：	①A：さくら大学の場所を知っていますか。
	B：いいえ、知りません。
練習の仕方：	①大学や大使館、スーパーなど身近な場所について「（A大学）の場所を知っていますか。」と聞き、Sの答えを板書する。否定の場合、「知っていません」と言わないことを教える。②『メインテキスト』の1）〜3）を教室内で相手を変えて自由に聞き合う。P.9（4）参照。

板　書：　　A：Ａだいがくの　ばしょを　しって　いますか。

　　　　　　B1：ええ、しって　います。　　B2：いいえ、しりません。

留意点：	・質問する場所は「〜の前にあります。〜駅の近くです。」などで答えられる範囲にする。
	・Sの誕生日を最初に提示してもよい。
	・「はい」と「いいえ」の会話の流れを確認してから、ペアで練習すること。
	・「分かります」と「知っています」の違いを聞かれたら、「難しいですから、分かりません。ドラマの日本語が分かりません。簡単ですから、分かります。先生の説明が分かります。」「先生に聞きましたから、知っています。学校の住所を知っています。」と言って、「分かります」は「内容が理解できる」、「知っています」は「情報を入手している」であることを示す。

4-1.

ポイント：	自分の行動が発表できる，「V1て、（V2て、）V3」
練習の仕方：	①イラストを見て、「〜します。それから、〜します。」という動作の順番をて形によって表すことを教え、『メインテキスト』の練習をする。②各自自分の放課後や休日の行動について、発表する。**文型4**

板　書：　　しゅくだいを　する→おふろに　はいる→ねる
　　　　　　　　　　　　して、　　　　　　はいって、ねます。
　　　　　　　　　　　　Ｖて　　　　　　　Ｖて　　Ｖます

発展練習：	グループでデートコースのアイデアを作って、いちばんいいものを投票で選ぶ。
留意点：	・「〜て」でつなげるのは、3つぐらいまでにする。

103

4-2.

ポイント：	昔話ができる
場　面：	浦島太郎の昔話
新出語：	亀，（お）城，お姫様，踊り，助ける，太郎
練習の仕方：	①イラストを見ながら新出語を教える。この話を知っているかどうか、どんな話だと思うか、国にこのような話があるかなど、話し合う。②イラストを見て、Tが「この人は太郎さんです。太郎さんはどこへ行きましたか。」などと質問しながら、Sの答えを導く。
留意点：	・新出語を提示する前に、浦島太郎の絵本や紙芝居などを読んで聞かせ、イメージ作りをしてもよい。
発展練習：	各国の似た物語を話す。（例：アメリカのリップバンウィンクル）ただし、語彙の問題もあるので似た物語に限定すること。

4-3.

ポイント：	行き方が説明できる
場　面：	新宿経由で目的地までの行き方を聞いている
新出語：	乗り換える，どうやって，すぐ，新宿，上野，東銀座，上野動物園，皇居，JR
用意する物：	ⓂＡ文字カード❼疑問詞「どうやって」
練習の仕方：	①イラストを見ながら、現在地を確認する。さらに路線と駅名をチェックする。質問の仕方と答え方を板書しながら確認する。目的地への行き方を始めにクラスで確認してから、ペアで練習する。
板　書：	Ａ：ここから　うえのどうぶつえんまで　どうやって　いきますか。 Ｂ：しんじゅくまで　いって、JRに　のりかえて、うえので　おります。
留意点：	・上野動物園、歌舞伎座、皇居などの写真を見せるとイメージが膨らむ。 ・この場合、「〜へ行く」ではなく、「〜まで行く」を使うことを教える。 ・「乗り換える、降りる」などの動詞に伴う助詞を教える。 ・近くの路線や駅名を使ってもよい。『文型説明と翻訳』P.122参照。

4-4.

ポイント：	自宅から目的地までの行き方が聞ける／言える
練習の仕方：	①Sがどこに住んでいるか聞く。学校・空港・大使館などへどうやって行くか、Sは家から目的地までの簡単なメモを書く。②クラス内で自由に聞き合うが、聞かれたSはメモを見ながら答えるよう指示する。

例）　　　　　　　　　地下鉄　　　JR

		東京		空港

留意点：	このレベルのSにとって、行き方の説明は非常に難易度が高い。メモを書いてから行き方を説明するとよい。

発展練習：　Sの住む地域の路線図を使って、ペアで自由に聞き合う。

使いましょう✎

ポイント：　家族についての文が読める／書ける

新出語：　祖母，祖父＊，おばあさん＊，おじいさん＊，翻訳，機械，機械工学，仲，毎年，毎月＊，退職する，もう

練習の仕方：　①『メインテキスト』を読んで、内容を確認する。②家族呼称を確認する。『メインテキスト』P.157参照。②P.10（8）、（9）参照。③ペアで家族について質問し合い、書く内容を整理してから作文にまとめる。<kbd>＋α</kbd>　家族の写真を見せながら、自分の家族について話す。

留意点：　・小・中学生のころのTの写真を使って家族について話すと、Sの興味を喚起できる。

会話

場　面：　レ・ティ・アンのうちでレ・ティ・アンが木村春江とロボットについて話している

新出語：　（お）手伝い，本当，触る，入れる，焼く，持って来る，持って行く＊，役に立つ，すごい，わあ

留意点：　・いろいろなロボットの写真を見せるとイメージが膨らむ。どんなロボットが欲しいかなどについて話し合うとよい。

17

> **到達目標：** 否定の指示や依頼ができる
> する必要がないことが述べられる
> 動作の前後関係（〜てから）が言える
> コンピューター用語が分かる
> 普通体の会話ができる（Vない。Vないで）

1.

ポイント： 動詞ない形

新出語： ない，ない形

用意する物： **DA**イラストカード**❸**動詞，**DA**文字カード**❷**記号「×」

練習の仕方： ①Sが嫌がること（寒い日に窓を開けようとする、Sのお茶を飲もうとする、Sの髪をはさみで切ろうとするなど）をTがして、Sが「〜ないでください。」と言う状況を作る。その際「〜ないでください。」と言い、ない形を使うことを教える。②板書しながら、ない形の作り方を示し、練習する。「ある」の否定は「あらない」ではなく、「ない」であることを教える。P.8（2）参照。**文型1**

板　書：

Ⅰグループ

じしょけい	ないけい	
か**う**	か**わ**ない	う→わない
か**く**	か**か**ない	く→かない
いそ**ぐ**	いそ**が**ない	ぐ→がない
はな**す**	はな**さ**ない	す→さない
ま**つ**	ま**た**ない	つ→たない
し**ぬ**	し**な**ない	ぬ→なない
あそ**ぶ**	あそ**ば**ない	ぶ→ばない
よ**む**	よ**ま**ない	む→まない
と**る**	と**ら**ない	る→らない
*あ**る**	**ない**	

Ⅱグループ

じしょけい	ないけい
たべ**る**	たべ**ない**
ね**る**	ね**ない**
み**る**	み**ない**
かり**る**	かり**ない**

Ⅲグループ

じしょけい	ないけい
くる	**こ**ない
する	**し**ない
さんぽ**する**	さんぽ**し**ない

留意点：
・イラストカードで、ない形の練習をするときは、「×」の文字カードを添えて練習する。
・はじめにⅡグループの動詞を使って、ない形の作り方を教えると分かりやすい。
・あ行の動詞は、「〜わない」の形になるので、Ⅰグループの最後に教えるとよい。

2-1.

ポイント：	「Vないでください」
新出語：	泣く，笑う，押す，怒る
練習の仕方：	①『メインテキスト』のイラストの例を見て、「笑わないでください。」と言うことを確認し、板書する。②イラストの表す動詞とそのない形を確認してから、練習する。**文型2**
板　書：	わらわないで　ください。 　　Vないで
留意点：	・ない形を作るのに一生懸命で、「ないで」の「で」を言い忘れるSがいるので注意する。 ・「～ないでください。」にも「～てください。」と同様、指示と依頼と配慮の意味があるが、このテキストでは区別していない。

2-2.

ポイント：	他人の行動を注意できる
場　面：	公園の管理人がいたずらな子供を注意している
新出語：	はと，えさ，池，枝，やる，折る
練習の仕方：	①『メインテキスト』のイラストを見て、ここはどこか、何をしているかなどを聞く。注意されたら謝ることも教え、イラストを見て練習をする。
留意点：	・「やる」と「あげる」との違いを聞かれたら、動物や植物に与えるとき「やる」を使うことが多いと答える。 ・「～ないでください」と「～てはいけません」の違いを聞かれたら、「ここでたばこを吸ってはいけません。ルールですから。いつも吸ってはいけません。」「おいしい料理を食べていますから、今ここでたばこを吸わないでください。外で吸ってください。」と伝える。

2-3.

ポイント：	許可を求められたことに対して、否定の答え方ができる
場　面：	病院で医者と患者が話している
新出語：	先生，2、3日，運転する
練習の仕方：	①『メインテキスト』のイラストを見て、場所・人物・状況を確認する。その後、質問を確認して、練習する。 ＋α ペアで医者と患者になり、自由にロールプレイする。
留意点：	・ロールプレイを自由にする場合は「ええ、いいですよ。」の答えもありうる。 ・教師だけでなく医者や弁護士などの人にも「先生」と呼びかけることを教える。

3-1.

ポイント：	「Vなくてもいいです」
場　面：	卒業式で学生が開放感を感じ喜んでいる
新出語：	試験，作文，受ける，卒業する，おめでとうございます。，税金
練習の仕方：	①はじめに『メインテキスト』の右のイラストの学生がしていることを確認する。②Sは左の学生になったつもりで「〜なくてもいいです」と言って卒業を喜ぶ。ない形の活用は、い形容詞と同様であることを確認してから、練習する。 +α 「子供も税金を払うか、子供も電車の切符を買うか、大学は学費を払うか、日曜日も働くか」など各国の情報を聞き合う。**文型3**

板　書：　　きょうから　しけんを　うけな~い~くても　いいです。
　　　　　　　　　　　　　　　　　　Vなくても

留意点：　　・「〜なくてもいいですか。」の「いいえ」の答えを聞かれたら、「いいえ、〜ます」と答えるようにする。「〜なければなりません」は初級2の26課で学習する。

3-2.

ポイント：	ストレスがない生活について話せる
場　面：	夢の中で王様になり、したくないことをしなくてもいいと喜んでいる
新出語：	王様，並ぶ，謝る
練習の仕方：	イラストを見て練習する。 +α 「わたしは王様ですから」に続く文を自由に発表する。

4-1.・4-2.

ポイント：	行動の順番が言える，・「V1 てから、V2」
練習の仕方：	①夜、何をするかを聞き、テレビと新聞だったら「新聞を読んでから、テレビを見ますか。テレビを見てから、新聞を読みますか。」と言いながら指で1、2を出し、「〜てから、〜」が動作の順番を表すことを教える。Sの答えを受けて板書する。②イラストを見てペアで質問し合う。P.9（4）参照。**文型4**

板　書：　　しんぶんを　よんでから、テレビを　みます。
　　　　　　　　　　　　　Vて　　　　　　　Vます

留意点：　　・「〜て、〜ます」との違いを聞かれることがある。「昨日の晩、何をしましたか。」の答えは、「ご飯を食べて、シャワーを浴びて、ジョギングしました。」でよいが、シャワーとジョギングの順番をはっきり知りたいときは、「シャワーを浴びてから、ジョギングしましたか。ジョギングしてか

ら、シャワーを浴びましたか。」となり、「〜てから」を使うと答える。

4-3.

ポイント： 開始時期が言える

新出語： 中学，高校，やる

練習の仕方： ①S1のライフサイクルを板書して確認する。②S1に趣味といつ始めたか聞く。板書の該当部分を示して「じゃ、日本へ来てから始めましたね。」などと確認して板書に追加する。③『メインテキスト』の内容と会話の流れを確認して、ペアで練習する。開始時期は『メインテキスト』の □□□□ から自由に選ぶ。 ┃＋α┃ それぞれの趣味について会話をする。

板　書：

0さい	
6さい	
12さい	ちゅうがくに　はいる
15さい	ちゅうがくを　そつぎょうする
	こうこうに　はいる

18さい	こうこうを　そつぎょうする
	だいがくに　はいる
22さい	だいがくを　そつぎょうする
	かいしゃに　はいる
〜	けっこんする
	にほんへ　くる

> じゅうどうを　はじめる……

にほんへ　きてから　じゅうどうを　はじめました。

留意点：
- 「やる」と「する」の違いを聞かれたら、「やる」は話し言葉と答える。
- 学校制度については『文型説明と翻訳』P.102参照。

4-4.

ポイント： パソコンの操作の手順が言える

場　面： パソコンの使い方の講習を受けている

新出語： 電源，ファイル，アドレス，切る，保存する，送信する，削除する，登録する，まだ

練習の仕方： ①パソコン用語を確認する。②『メインテキスト』を見て練習する。

留意点：
- パソコン用語の確認は実際にパソコンの画面を見ながら行うと理解が早い。『文型説明と翻訳』P.128参照。

友達の会話 ①

ポイント： 友達に聞ける／答えられる

場　面： 友達に意志や現状を聞いている

新出語： 試合，ううん

練習の仕方： ①サッカーが好きなSと嫌いなSに「サッカーの試合、見に行く？」と聞いて、肯定の答えを確認し、否定のときの答え方を教える。P.10（10）参照。

109

板　書：	Ａ：<u>サッカーの　しあい、　みに　いく？</u>
	Ｂ：<u>うん、いく。</u>
	Ｃ：<u>ううん、いかない。</u>

留意点：	・誘いではなく、単純に相手の意思を聞く表現。誘いの表現「行かない？」は19課で扱う。

友達の会話 ②

ポイント：	友達に否定の依頼ができる，「Ｖないで」
場　面：	友達にしないように依頼している
新出語：	かける
用意する物：	コーヒーカップ，砂糖
練習の仕方：	①ＴとＳが友達ということにする。ＴがＳにコーヒーカップを持って近づいて、「コーヒー飲む？」と聞いて「うん、飲む。」と言うＳに砂糖を何杯も入れようとする。それで驚くＳに「あ、砂糖、入れないで。」と言うことを示し、板書で確認する。②板書をすぐに消そうとしたり、教室の電気を消そうとしたり、Ｓの携帯のメールや、かばんの中を見ようとしたりして、「あ、～ないで。」と言うような状況を作って確認する。③『メインテキスト』の練習をする。P.10（10）参照。

板　書：	あ、<u>さとう、いれないで。</u>

留意点：	・文字だけでは分かりにくいので、実際にその状況を実演する。

使いましょう

ポイント：	日本の入浴習慣を知る
場　面：	ホストファミリーの木村春江が外国人のＡにお風呂の使い方を説明している
新出語：	栓，（お）湯，タオル，抜く，出る，全部
練習の仕方：	①日本人のうちに泊まったことがあるか、日本のお風呂に入ったか、日本のお風呂の入り方を知っているかどうかなどについて聞き、知っていれば答えてもらい、『メインテキスト』で確認する。知らなければ、『メインテキスト』を見て練習しながら教える。
留意点：	・お風呂や温泉旅館の写真、お風呂などのパンフレットを見せるとイメージがわく。

会話

場　面：	リン・タイがマリー・スミスとテニスコートの近くで話している
新出語：	ある，頑張る，無理をする，先に，もう少し，市民グラウンド
新出項目：	①市民グランドで試合があります。（イベントの場所）

18

> **到達目標：**過去の経験が言える
> 　　　　　代表的ないくつかの例を挙げて、行動が述べられる
> 　　　　　動作の前後関係（Ｖたあとで）が言える
> 　　　　　普通体の会話ができる（Ｖた？　Ｖた。）

1.

ポイント：　　動詞た形

新出語：　　た形

用意する物：　🅞🅐イラストカード❶動詞，🅞🅐文字カード❸動詞

練習の仕方：　①「桜／富士山を見ましたか。」などと質問し、経験のあるＳがいたら、「いつ見ましたか。どこで見ましたか。」などと聞き、経験を表すときに「〜ことがあります」と言うこと、動詞はた形を使うことを教える。②た形の作り方はて形と同様であることを板書で示しながら教える。③文字カードやイラストカードを使って練習する。P.8（2）参照。**文型1**

板　書：

Ⅰグループ

じしょけい	てけい	たけい
かう	かって	かった
かく	かいて	かいた
かす	かして	かした
よむ	よんで	よんだ

Ⅱグループ

じしょけい	てけい	たけい
たべる	たべて	たべた
みる	みて	みた

Ⅲグループ

じしょけい	てけい	たけい
くる	きて	きた
する	して	した

> て→た

2-1.

ポイント：　　経験の有無が話せる，「Ｖたことがあります」

新出語：　　歌舞伎，ホームステイする

練習の仕方：　イラストを見て練習する。+α Ｓの珍しい経験を聞く。**文型2**

板　書：　　Ｓ1さんは　きものを　きた　ことが　あります。
　　　　　　　　　　　　　　　　Ｖた

留意点：　　・着物、富士山、生け花、柔道、温泉、歌舞伎などの写真を見せるとよい。
　　　　　　・「〜たことがある」を、経験ではなく過去形と認識して「ご飯を食べたことがある。」のように言うことがあるので、珍しい体験（〜料理を食べた、象に乗った、〜国へ行った、そばを作ったなど）を例にして話すとよい。

111

・時を表す副詞とは一緒には使えないので「先週行ったことがあります。」などと言わないように注意する。

2-2.

ポイント：	経験の有無を聞き、その答えから会話を続けられる
場　面：	経験の有無をきっかけに会話をしている。
新出語：	一回，何回，ぜひ，いつがいいですか。，いつでもいいです。
練習の仕方：	①『メインテキスト』の項目についてペアで経験を聞き、経験があればその印象を聞き、経験がなければ一緒にしようと誘う。P.9（4）参照。 ┃+α┃ 「はい」の場合は「何回、どこで、いつ、どうでしたか。」など話題を広げる。『メインテキスト』P.156参照。
留意点：	・経験回数が数え切れないぐらい多いSがいたら、「何回も」をここで教える。いなければ、**4-1**で教える。
	・例が「見に行く」なので、1）以降「作りに行く」などとしないよう、Sの会話を注意して聞く。
	・「いつでもいいです」についてはP.175参照。

3-1.

ポイント：	「V1たり、V2たりします」
新出語：	盆踊り，パンフレット，引っ越し，ガス，ガス会社，水道＊，探す，荷作りする，連絡する
練習の仕方：	①Sに「夏休み何をしますか。」などと聞き、Sの答えをすべて板書する。たくさんの行動の中から、代表して取り上げるときは「〜たり、〜たりする」と言うことを示し、板書する。②『メインテキスト』を見て練習する。 ┃+α┃「（週末、学校で）何をしますか。」などと聞く。**文型3**

板　書：	うみで　およぐ・ぼんおどりを　する・ ともだちに　あう・アルバイトを　する……

うみで　およいだり、ぼんおどりを　したりします。
　　　　Vた　　　　　　　　　　Vた

留意点：	・「新宿へ行ったり、アルバイトをしたり」など並列できないものが出やすいので注意する。「新宿へ行って、アルバイトする」の意味と誤解している場合もあるので、Sに発話意図をよく確認する。
	・「起きる」「ご飯を食べる」「お風呂に入る」などのとりたてて言う必要のないことについては、「〜たり、〜たり」を使わない。

3-2.

ポイント：	インタビューに答える，さまざまな文末表現とともに「〜たり〜たり」が使える

新出語：	論文
練習の仕方：	①Tは「昨日何をしましたか。」「携帯電話で何をすることができますか。」「図書館でパンを食べたり、ジュースを飲んだりしてもいいですか。」などと質問する。Sは「〜たり、〜たり」と既習の表現を組み合わせて答える。必要なら板書する。②インタビューする内容を確認し、各自自分の答えをメモしておいてから、練習する。P.9（6）参照。
留意点：	・2）の「何をすることができますか」の答えは「〜たり、〜たりすることができます」で練習する。（「できる」は初級2の24課） ・「〜たり、〜たりしています」「〜たり、〜たりしてください」「〜たり、〜たりしないでください」「〜たり、〜たりしたことがあります」などを紹介してもよい。

4-1.

ポイント：	「V1たあとで、V2」
新出語：	忘れ物，恋人，気がつく，出す，失敗する，分かれる，完成する，思い出す，やっと，〜あとで
新出項目：	①何回も行ったことがあります。
練習の仕方：	①「電車の中に何か忘れたことがありますか。」と聞き、経験のあるSに何を忘れたか、いつ気がついたかなどと聞いて、「あとで」を使って板書する。②各自で練習をする。「何回も」の質問があったら、たくさんと簡単に説明しておく。③答え合わせのあと、メールを何回チェックするかなどと質問し、10〜20回するSがいたら、「多いですね。何回もチェックします。」と「何回も」を教える。さらに「何時間もかかる、パソコンが何台もある」などの例を出して、ほかの助数詞でも同様に使えることを教える。P.9（3）参照。**文型4**

板 書：	でんしゃを　おりたあとで、わすれものに　きが　つきました。 　　　　　　　Ｖた

留意点：	「〜てから」と「〜たあとで」の違いを聞かれたら、P.172、P.174を参考に答える。

4-2.

ポイント：	「Nのあとで、V」
場面：	旅先で友達（または夫か妻）にカラオケに行く予定を聞いている
用意する物：	**DA**文字カード**❶**助詞「の」
練習の仕方：	①カラオケ好きなSに「今からカラオケ行く？」と聞き、「いいえ」の答えを待って、Tが「いつ行く？」と重ねて尋ね、Sに「授業のあとで行く。」という答え方を教える。②『メインテキスト』のイラストを見て、「名詞＋の＋あとで」の形を板書で示し、練習する。**文型4**

板　書： さんぽ の　あとで、いく。
　　　　　　　　N

友達の会話👥🎤

ポイント：　インタビューを受けたとき、目上の人か、友達かで、区別して答えられる

新出語：　納豆

練習の仕方：　①クラスを質問する人と答える人の2つのグループに分ける。②質問グループは目上の人の役になったり、友達の役になったりして、普通体を使って質問する。答えるグループは相手に応じて普通体と丁寧体を使い分けて答える。途中で役割交代して練習する。P.9（6）、P.10（10）参照。

留意点：　・目上であることを表すもの（シール、眼鏡、ネクタイなど）を用意すると楽しく練習できる。
　　　　　　・このテキストでは、普通体の会話では助詞の「を」「は」「が」を省略するが、「へ」は省略しない。

使いましょう📝😀

ポイント：　お国自慢の作文を書いて、プレゼンできる。プレゼンを聞いて行きたい国を決め、発表できる。

新出語：　象，どの

練習の仕方：　①『メインテキスト』を読み、内容を確認する。P.10（8）参照。②『メインテキスト』の例を参考に、自分の国のお国自慢の作文を書く。P.10（9）参照。③作文を読む練習をしてから、1人1人全員の前でプレゼンテーションをする。④Sはプレゼンを聞いて、行きたい国を決め、その理由も全員の前で発表する。

留意点：　・Sの母国の旅行パンフレットなどを用意すると盛り上がる。
　　　　　　・同国人の多いクラスの場合は、出身地（町）について話す。
　　　　　　・行きたい国の人気投票をしてもよい。

会話

場　面：　木村春江が、トム・ジョーダンを相撲に誘っている

新出語：　握手，楽しみにする，大好き［な］，えっ

まとめ3

> **到達目標：動詞の活用**
> さまざまな表現とそれに接続する活用形の整理、使用法の確認

1.

ポイント： 　活用形（ます形、辞書形、て形、た形、ない形）の整理
練習の仕方： 『メインテキスト』P.158⑨動詞の形参照。

2.

ポイント： 　動詞の活用と、接続する表現のまとめ
練習の仕方： ①『メインテキスト』の下の ☐ の中の表現を、例文を挙げながらクラス全体で確認する。その際、接続する動詞の形にも意識を向けるようにするが、問題の答えはその時に書かず、あとで記入するように指示しておく。②各自が答えを記入したら、クラス全体で答え合わせする。『メインテキスト』P.158⑨動詞の形参照。

3.

ポイント： 　既習文型の使い方
場　面： 　パーティー
新出語： 　ピザ
練習の仕方： ①イラストの状況に合う文を考えて記入する。文型は **2** を参考にしてもよい。②クラス全体で確認をする。

4.

ポイント： 　まとまった文章の読解
新出語： 　専門学校，カップ，コーヒーカップ，フリーマーケット，あなた，見つける，本当に
練習の仕方： ①各自『メインテキスト』読んで、質問の答えを記入する。②全体的な内容を確認し、答え合わせをする。P.10(8) 参照。
留意点： 　・細部にこだわらず、全体の内容を把握するようにする。「フリーマーケットでは〜」の「は」は、初級2の23課「シンガポールには〜」の形で学習するので、質問がなければ触れなくてよい。

19

到達目標：推量・意見が言える
人の話が引用できる
自由に普通体の会話ができる

1.

ポイント： 普通形

新出語： 丁寧形，普通形

用意する物： DAイラストカード❶動詞❷形容詞❸名詞，DA文字カード❸動詞❹形容詞❺名詞

練習の仕方： ①動詞の丁寧形を板書し、今までに習った普通形（辞書形、ない形、た形）を確認する。ない形の過去は「Ｖなかった」となることを教え、文字カード、イラストカードで練習する。②い形容詞の丁寧形を板書し、「です」を取ると普通形になることを示し、練習する。い形容詞は難しくないので形の練習は少なくてよい。③な形容詞の丁寧形を板書で確認し、その普通形を示して、①と同様に１つずつ形を練習する。名詞も同様に行う。P.8（2）参照。**文型1**

板　書：

ていねいけい	ふつうけい
かきます	**か**く
かきません	**か**かない
かきました	**か**いた
かきませんでした	**か**かなかった
おおきいです	おおきい
おおきくないです	おおきくない
おおきかったです	おおきかった
おおきくなかったです	おおきくなかった
ひまです	ひまだ
ひまじゃ　ありません	ひまじゃ　ない
ひまでした	ひまだった
ひまじゃ　ありませんでした	ひまじゃ　なかった
やすみです	やすみだ
やすみじゃ　ありません	やすみじゃ　ない
やすみでした	やすみだった
やすみじゃ　ありませんでした	やすみじゃ　なかった

留意点：	・新出の普通形は、動詞の過去否定と形容詞と名詞のすべて。

2-1.

ポイント：	推量したことが言える，「普通形と思います」
場面：	新しい先生が来て、学生たちは興味津々である。いろいろ勝手な想像をしてうわさ話をしている。
新出語：	思う，厳しい
練習の仕方：	①高校生のとき、学校に新しい先生が来たことがあるかどうか、そのときの経験を聞く。②『メインテキスト』のイラストを見せ状況説明をする。「運転は？　料理は？」などとヒントを出しながら、Sの推量を待って、「普通形＋と思います」という表現で表すことを示し、板書する。　+α　雑誌の表紙の人物やクラスのほかの先生や架空の転校生などについて自由に推量する。

板　書：	あの　せんせいは　うんてんが　できると　おもいます。 　　　　　　　　　　　　ふつうけい

留意点：	・「と思います」の主語は「わたし」で、「先生」ではないことを確認する。

2-2.

ポイント：	推量したことが言える
場　面：	プロポーズしようとしている男性が、夏の暑い日に喫茶店で待ちぼうけを食わされている。
練習の仕方：	①イラストを見て、いろいろ予想して述べる。
発展練習：	実物（りんごのオルゴール、歯磨きチューブのボールペンなど、すぐには何か分からないもの）、影絵、だまし絵、中身の分からないプレゼントなどを使って推量する。
留意点：	・Sから答えが出てこなかったら、「外は寒いですか。」「この女の人は会社員ですか。」などTが質問をして、Sから答えを引き出すようにする。

2-3.

ポイント：	将来のことや日本の歴史などについて推量できる
新出語：	地球，人口，月，昔，増える，減る＊，なくなる，必要[な]，さあ
練習の仕方：	①ホワイトボード中央に縦に線を引き、左に「昔」右に「将来」の文字を入れ、「将来地球の人口は増えますか。」などと『メインテキスト』にある将来についての話題を1つずつ取り上げて、自由に意見を言い合う。板書も1つずつしていく。　+α　Sが将来について自由なテーマで予想して、板書する。それをクラスでシェアする。②「昔の日本人は肉を食べましたか」などと過去の日本についても同様に行う。　+α　過去のことについて将来の場合と同様に行う。③ペアで『メインテキスト』を見て質問し合って、確認する。

| 板　書： | むかし | しょうらい |

しょうらい

> ちきゅうの　じんこうは　ふえます。
> がっこうは　なくなります。……

留意点： ・語彙や内容が抽象的なので、未来予想図、日本の縄文時代や江戸時代などのイラストや写真を使うと具体的なイメージを膨らませることができる。
・Sにとって過去形で答えるのは難しいので、現在形を使う練習から始める。
・「〜と思いません」はこのテキストでは教えない。

2-4.

ポイント： 意見が聞ける／言える

新出語： 種類，そう，〜について，そうですね。

練習の仕方： ①突然「漢字の勉強についてどう思いますか。」と聞く。いきなり聞かれてSが戸惑っていたら、まず「そうですね。」と言いながら考えるということを示し、質問文と「そうですね。」を板書して確認する。Sから「大変です。」「面白いです。」「難しいです。」などと出てきたら、「大変ですが、面白いと思います。」と、自分の意見を述べるのに「〜と思います」を使うことを示し、板書する。②ほかのSに聞き、「同じ、同じ」と言うSがいたら「わたしもそう思います。」と同意するときの表現を教え板書する。③『メインテキスト』のトピックについて、ペアで意見を言い合う。 ┼α 「日本の地下鉄、日本のお弁当、日本の車」など自由にテーマを出して意見を言い合う。

板　書：　A：かんじの　べんきょうに　ついて　どう　おもいますか。

B：そうですね。たいへんですが、 やくに　たつ と　おもいます。
おもしろい……

A：わたしも　そう　おもいます。

留意点： ・「そうですね。」は考慮中であるということを相手に伝えるので、イントネーションにも注意する。
・「どう思いますか。」に「どうと思います。」と助詞「と」を入れてしまうSがいるので注意する。「そう思います。」も同様に注意する。
・「〜ですが、〜」の形にこだわらず、Sのレベルによって単文で答えても、「〜くて、〜」などを使って自由に述べてもよい。
・2つの意見を並列して述べる場合、後ろの意見が主であること、自分の意見がマイナス評価でも、前半にプラス評価を付け加えて、よりよいコミュニケーションを図るとよいことを教えてもよい。

3-1.・3-2.

ポイント：	人の話が引用できる，「普通形と言いました」
場　面：	診察を受けて、医者に聞いた話を伝えている
新出語：	（お）医者（さん），風邪，インフルエンザ，薬，治る，飲む[薬を～]，お大事に。
練習の仕方：	①後続句の普通形を確認、練習しておく。『メインテキスト』P.160⑪参照。②「S1さん、テニスが好きですか。」などと質問する。答えを待って、「S1さんはテニスが好きだと言いました。」と言って、発言内容を伝えるとき、「～と言いました」ということを示す。さらに「毎週やっていますか。」「お金を払わなくてもいいですか。」などと質問と答えを続け、S1の答えを受け、ほかのSが「S1さんは～と言いました。」とコーラスする。③Tが医者になった想定で、『メインテキスト』のように「風邪です。」などと言い、Sが「お医者さんは風邪だと言いました。」と言う。板書で確認する（上に1行書けるようにスペースを取っておく）。TとS全員で練習する。④**3-2**の会話のシチュエーションを確認して、聞くときの「何と言いましたか。」をいちばん上に書き、ペアで練習する。
板　書：	なん　と　いいましたか。 おいしゃさんは　かぜだと　いいました。 ふつうけい
留意点：	・引用部分には丁寧形も使えるが、ここでは普通形を基本として教える。 ・「～てください」「～ないでください」などは出さない。 ・体の部位および病気の語彙は『文型説明と翻訳』P.142参照。

友達の会話 １

ポイント：	友達を誘うことができる
場　面：	友達を誘っている
新出語：	これから
練習の仕方：	①友達と一緒に何をしたいか聞く。②誘うときには、いきなり本題に入らず、「今日、暇ですか。」などと相手の都合を聞くことを示し、普通形も板書する。ほかに「～が好きですか。」「仕事が終わりましたか。」など、前置きに使える表現を示し、普通体でどう言うか確認後、『メインテキスト』の練習をする。 **＋α** クラス内で自由に誘い合う。その際、友達だけでなく、先輩を誘うなど、丁寧形で人を誘うシチュエーションもレベルによっては取り入れる。P.10(10) 参照。
板　書：	ひまですか。　→ひま？
留意点：	・な形容詞、名詞は「だ」が省略されることを教える。

・映画やコンサートのチケット、旅行のパンフレットなどを用意しておく
と会話が弾む。

友達の会話 ②

ポイント：　　過去のことについて友達に聞ける／言える

新出語：　　用事，忘年会，ミーティング，送別会，出る，ちょっと

練習の仕方：　①TとSは友達同士という設定で、Tが説明会や送別会などに参加したか
どうかを尋ねる。参加した場合は感想を求め、参加しなかった場合はその
理由をSが自分から話すよう、会話の流れを示す。P.9（4）、P.10（10）参
照。

留意点：　　・このテキストでは、普通体の会話の中で、「に」は省略しない。

使いましょう ①

ポイント：　　抽象的な事柄についてインタビューして、発表できる

新出語：　　国際結婚，習慣，留学，違う

練習の仕方：　①国際結婚についてSに意見を聞いて板書する。その際、必要な語彙の確
認をする。その他のテーマについても同様に行う。②クラス内で自由に聞
き合ってメモする。③インタビュー内容をまとめて発表する。

板　書：

たいへん

> ことばが　わからない
> しゅうかんが　ちがう
> ……

たのしい

> ことばを　ならう　ことが　できる
> しゅうかんを　しる　ことが　できる
> ……

留意点：　　・意見を出し合う際には、クラスで「大変派」と「楽しい派」に分かれて、
グループで考えてもよい。
　　　　　　・Sが自分の意見をきちんと伝えられるように、インタビューの前にクラ
ス全体でいろいろな意見を出し合い、必要な語彙や表現を紹介しておく。
　　　　　　・学内の日本人やほかのクラスの人にインタビューできる環境を作るとな
およい。

使いましょう ②

ポイント：　　日記が書ける

新出語：　　晴れ，曇り＊，森，川，港，気持ち，歩く，見える，疲れる

新出項目：　①疲れたが気持ちがよかった。楽しかったから、また行きたい。

練習の仕方：　各自読んでから、内容を確認する。P.10（8）、（9）参照。

留意点：　　・日記はたいてい普通体で書く。
　　　　　　・助詞「が」や「から」の前に普通形が使えることを示す。

会話

場　面：	クラスで東京の電車について意見を述べ合っている
新出語：	ラッシュアワー，ベル，それに，込んでいます
留意点：	・『メインテキスト』のあと、別のテーマでディスカッションするのも面白い。

20

> **到達目標：**文による名詞修飾ができる
> 着衣などの描写ができる
> アンケートの作成と結果の発表ができる

1.

ポイント： 文による名詞修飾

新出語： ―本，何本＊

用意する物： 🅓文字カード❶助詞「が」

練習の仕方： ①細長いものを数えるとき、「～本」を使うことを紹介する。『メインテキスト』P.156参照。②うちにペットがいるか（欲しいか）、だれのペットか、どんなペットか、などを尋ねて、犬の話題で板書する。名詞と形容詞の接続の形を確認後、「歌を歌う犬」など動詞を使った修飾節を教え、修飾節は名詞の前に来ることを確認する。③『メインテキスト』のイラストを見て練習する。④名詞修飾節の中の主題は「が」によって表されることを示す。

文型1

板　書：

```
        ┌                   ┌──────┐
        │                   │ ははの │  いぬ
        │                   │げんきな│
        │                   │ちいさい│
        │                   └──────┘
        │                 うたを　うたう
        │ はは │が│  ペットの　みせで　かった
        └
```

留意点： ・教師のペットの写真、サーカスの犬などの写真を見せるとよい。

・修飾語と被修飾語の位置関係が日本語と違う言語がある。そのような言語のSには、十分な時間をかける必要がある。理解の遅いSには、既習の名詞修飾の復習にも時間をかける。

・名詞修飾節の中の主題は「が」によって表されることは**2-2**で練習するので、紹介にとどめる。

2-1.

ポイント： 「N1は　名詞修飾＋N2です」

新出語： 火，ビル，危険，壊す，知らせる

練習の仕方： ①『メインテキスト』のイラストを見て「これはロボットです。」と言いながら、「これは」の後ろにスペースを空けて板書する。どんなロボットか聞き「火を消す」ロボットであることを確認し、名詞修飾部を板書に追加す

122

る。②イラストを見て、練習。 $+\alpha$ 各自面白いロボットを考えて簡単な
イラストをかき、「これは〜ロボットです。」の形で発表する。

板　書：　　　これは　　　　　　　　　　　　ロボットです。
　　　　　　　　　　　ひを　けす

留意点：　　　$+\alpha$ はロボットに限らず、犬、車などでもよい。
発展練習：　　「図書館は本を読むところです。」のように場所やものを説明する。

2-2.
ポイント：　　「N1は　名詞修飾＋N2を　Vます」
新出語：　　　設計する
用意する物：　ⒹⒶ文字カード❶助詞「が」
練習の仕方：　①『メインテキスト』のイラストの右半分を見ながら、マリーさんは何を
　　　　　　　したかと聞き、Sの答えを待って、「マリーさんは　　　　食べました。」と
　　　　　　　スペースを空けて板書する。だれが作った料理かを聞き、「リーさんが作っ
　　　　　　　た」を板書に追加する。②『メインテキスト』の練習をする。 $+\alpha$ クラ
　　　　　　　スで、イラストを見ながらマリーさんはどんな料理を食べたか、だれが書
　　　　　　　いたメールを読んだかなどのQAをする。

板　書：　　　マリーさんは　　　　　　　　　　　　りょうりを　たべました。
　　　　　　　　　　　リンさん が つくった

留意点：　　　・「マリーさんはリンさんが作った料理を食べます」のような動詞のテンス
　　　　　　　が異なるものはSの混乱を招くことがある。名詞修飾だけにフォーカスで
　　　　　　　きるよう、ここでは主動詞は過去形で練習する。

2-3.
ポイント：　　連体修飾節を含む長文が理解できる。夢について話せる。
場　面：　　　宇宙ステーションに滞在した夢について話している
新出語：　　　宇宙，宇宙ステーション，夢，科学者，実験，バイオ技術，生まれる，育
　　　　　　　てる，夕べ，〜だけ
新出項目：　　②食事は1日に2回だけでした。（頻度）
練習の仕方：　①Sに昨日夢を見たかどうか、どんな夢だったかを聞く。『メインテキス
　　　　　　　ト』の人物がどんな夢を見たか、イラストから想像する。②吹き出しの中
　　　　　　　の文章を、アンダーラインの部分は飛ばして読む。③1）〜5）の語彙と
　　　　　　　内容を確認してから、各自アンダーライン部分に答えを記入する。④練習
　　　　　　　の答え合わせをする。⑤自分の見た夢を発表する。

2-4.
ポイント：　　着衣に関する動詞が使える，人物の特徴を着衣などで表せる

場　面：	歴史上の人物の名前を聞いている
新出語：	サンダル，帽子，スカート，眼鏡，かぶる［帽子を〜］，掛ける［眼鏡を〜］，する，カエサル，紫式部，ナポレオン，マリリン・モンロー，ジョン・レノン，チャップリン，クレオパトラ
新出項目：	①カエサルはサンダルを履いています。
練習の仕方：	①着衣の動詞が新出なので、問題に入る前に動詞を教える。「帽子をかぶる」と「かぶっている」の違いを示す。②クラスのSについて、「S1さんは帽子をかぶっています。S2さんは眼鏡を掛けています。」などと説明する。「着る」と「履く」の違いに注意しながら練習する。その後、「帽子をかぶっている人はだれですか。」などとTが聞き、「Aさんです。」と、Sが答える練習をペアでも行う。③Sに有名な人に会いたいか、会いたい人はだれかを聞く。④『メインテキスト』のイラストを見て、人物を確認する。片仮名が苦手なクラスの場合は表記も板書で確認する。その後ペアでABそれぞれのページを見て練習する。P.9（5）参照。
留意点：	・「カエサル」は「シーザー」の現地の発音を生かした言い方である。 ・歴史上の人物など、自分と関係がない人物には「〜さん」をつけない。16課**4-2**で「太郎さん」と言っているのは子供に親しみを持たせるため、とSから質問があれば答える。 ・ナポレオンとチャップリンはどちらも帽子をかぶっているが、名前の分からない人は1人ずつなので、だれかは特定できる。 ・紫式部についてSから質問が出ることが多い。

2-5.

ポイント：	なぞなぞが作れる
場　面：	なぞなぞをしている
新出語：	紙，はさみ，クイズ
練習の仕方：	①イラストが正答になるなぞなぞを作るように指示して、例を板書する。②SをペアにしてABそれぞれのページを見て、なぞなぞを作る人と、答える人になって練習する。3）から作る人と答える人が交代することも伝えておく。P.9（5）参照。**＋α**　自由になぞなぞを考える。「〜人はだれですか。」「〜ところはどこですか。」のように物以外が正答のなぞなぞを考えてもいい。
板　書：	A：<u>おかねを　いれる</u>　ものは　なんですか。 B：<u>さいふ</u>です。
留意点：	・このインフォメーションギャップは、これまでのものと違う形になるため、やり方を確認してから行う。

使いましょう 1

ポイント：	自分の持ち物を名詞修飾を使って紹介できる

新出語：	Ｔシャツ
新出項目：	③色もデザインも大好きです。
練習の仕方：	『メインテキスト』の文を読み、これを参考に自分のものについて発表する。
留意点：	・時間があれば、柄や素材について紹介する。『文型説明と翻訳』P.148参照。

使いましょう ②

ポイント：	簡単なアンケートを実施してその結果を発表できる。
新出語：	アンケート，テーマ，運動，シート，その他，決める，まとめる，以上です。
練習の仕方：	①アンケートをしたことがあるか、どんなアンケートだったか、などについてクラスで話す。②『メインテキスト』に沿って、アンケートの手順を確認する。③３、４人のグループで『メインテキスト』P.195のアンケートシートを作成する。④アンケートを実施する。学内の職員やほかのクラスの人にアンケートを依頼すると、現実感があってよい。⑤アンケート結果をグループでまとめて発表する。
留意点：	・アンケート内容は、テレビ（視聴時間）、料理（作る頻度）、運動（する頻度）の中から選ぶ。Ｓの希望するテーマでもよいが、既習の語彙・文型でできるかどうか、Ｔが判断する。 ・街頭でアンケートを実施する場合は、トラブルが発生する恐れがないか、検討してから行う。

会話

場　面：	トム・ジョーダンがポン・チャチャイのＴシャツを褒めている
新出語：	よく，まあ。，いいなあ。
留意点：	・会話文の中の、他人の持ち物を褒める表現「その～、いいですね。」、褒められたときなどに謙遜気味に使う「ええ、まあ」、うらやましい気持ちを表す「いいなあ」などの表現を使えるようにするとよい。 ・ペアでそれぞれの持ち物について褒めたり質問したりして会話を作り、発表すると面白い。

21

> **到達目標**：状況を仮定して話すことができる
> 　　　　　動作が完了したとして、次の行動が言える

1-1.

ポイント：　動詞の仮定条件が言える，「S1たら、S2」

新出語：　道，キャッシュカード，交通，事故，交通事故，地震，台風*，警察，迷う，なくす，遭う，起きる

新出項目：　①地震が起きます。（現象の主語）

練習の仕方：　①Sのレベルによっては、初めにた形の復習をする。②日本で道に迷ったことがあるかなどとSの経験を聞き、経験のあるSがいたら、その時どうしたかを聞く。その後、迷った経験のないSに「道に迷ったらどうしますか。」と聞き、一緒にいろいろな対応策を考え、板書する。③『メインテキスト』の練習をする。P.9（3）参照。　+α　キャッシュカード紛失、交通事故、地震、雪などへの対応策をいろいろ考えて発表する。

板　書：

　　　　まよったら、こうばんで　ききます。
　　　　　V た

> こうばんで　きく
> ちずを　みる
> でんわを　かける……

留意点：　・「～たら」の用法はいろいろあるが、ここでは「～と」（初級2の23課）と「～ば」（初級2の33課）と区別するため、ハプニングが起きた場合を中心に練習する。

1-2.

ポイント：　形容詞・名詞の仮定条件が言える，「S1たら、S2」

場　面：　車を売りたいAが、Bと電話で話している。

新出語：　エンジン，調子，一人乗り，～以下，～以上*，雪，残業，病気，降る

練習の仕方：　①Sのレベルによっては、名詞、形容詞の過去形を復習しておく。②Sの国で中古車を買う人がいるか、新車と中古車とどちらがいいかなどについて話し、中古車を買うときのポイントは何か、どんな車を買いたいか、Sから引き出し左に板書する。右には「買いたいです」と記入して、条件を示す「～ら」の形を教える。③『メインテキスト』の練習をする。（　　）は自由に言う。**文型1**

板　書：				
	やすい	→	やすかった	
	きれい	→	きれいだった	ら、　かいたいです。
	10まんえん……	→	10まんえんだった	

発展練習：　・文の後半を「この大学を受けたい、タクシーで帰る、残業する」などに
決めておき、文の前半部分の条件を自由に考えてもよい。
・家電、パソコン、うちなど、Ｓの買いたいものについて条件を出す。

1-3. 🖉

ポイント：　ハプニングへの対処法を聞ける／言える。

新出語：　受験票，朝寝坊，ラブレター，成績，忘れる，拾う，足りる，悪い

練習の仕方：　①クラスでイラストが表す質問の文を確認、練習する。Ｓはクラス内で動
き回って、1）～ 5）まで違う人に質問する。時間があれば発表する。P.9
（5）参照。

2-1.

ポイント：　確定条件が言える，「Ｖたら、Ｓ」

新出語：　おしゃべり，着く，届く，咲く，紹介する，やめる

練習の仕方：　①「授業が終わったら、何をしますか。」と聞き、「～たら」を使った答え
を引き出す。②放課後ＴがＳのうちを訪問するという設定にし、迎えに来
るよう頼む。Ｓに「駅に着いたら、電話してください。」と言うことを教え、
板書で確認する。③ □□□□ のイラストの内容を確認してから、1）～ 5）
に続くものを選ぶ。その後答え合わせをする。**文型2**

板　書：　えきに　ついたら、　でんわして　ください。
　　　　　　　　Ｖた

留意点：　・確定条件では動詞た形のみ使用する。
・このテキストでは仮定と確定の「～たら」のみを教え、「窓を開けたら、
雪が降っていた」などの発見の「～たら」は教えない。
・アドバイスを求める「どうしたらいいですか。」、提案する「スーツを着
たらどうですか。」は初級2の27課で学習する。

2-2.

ポイント：　手順が説明できる

場　面：　木の上に小屋を作る手順を、リーダーが指示している

新出語：　図，家，組み立てる

練習の仕方：　①自分で何か（木の家、犬小屋、ロボット、本立てなど）工作をしたこと
があるかどうか聞いて、イメージを膨らませる。②イラストの場面を順番

に確認してから練習する。

留意点：・「デザインを決めたら、図をかいてください。」と「デザインを決めて、図をかいてください。」「デザインを決めてから、図をかいてください。」は同じかという質問がSから出ることがある。聞かれたら、簡単に答える。「〜たら」は「試験が終わったら、出してください。」など、そのときしている動作が終わった後、次にする動作を言う。「〜て」は「今から野菜を切って、なべに入れて、煮てください。」のように続けてするときに使う。「〜てから」は「保存してから、電源を切ってください。」のように、何かをする前にすることがあることを表す。

発展練習：Sの国の料理についてレシピを書き、指示に従って作る活動をする。

3-1.

ポイント：動詞の逆接条件が言える，「S1ても、S2」

新出語：太る，やせる*，落とす，割れる

用意する物：**DA**イラストカード**❻**難しい数学の問題

練習の仕方：①イラストカードの難しい数学の問題を見せて、「分かりますか。」と聞く。「いいえ」の答えを待って、「本を読んだら、分かりますか。先生に聞いたら、分かりますか。勉強したら、分かりますか。」などと聞き、「いいえ」の答え方を板書で示す。②『メインテキスト』の練習をする。 +α 「分かりません、（病気が）治りません、注意しません。」などとTが後件を言って、Sが自由に前件を作る。

板　書：ほんを　よんでも　わかりません。
　　　　　　　　Ｖて

3-2.

ポイント：形容詞・名詞および否定文の逆接条件が言える，「S1ても、S2」

場　面：大好きな人がいて、大変な問題があっても、ぜひ結婚したいと思っている

新出語：力，年，蛇，弱い，強い*

練習の仕方：①Sに「結婚したいです。」と必ず言うよう指示する。Tが「彼はお金がありませんよ。」と『メインテキスト』の内容を提示し、「お金がなくても、結婚したいです。」と言うことを教え、板書する。②同様に『メインテキスト』の内容をクラスで練習する。③ペアで再度①のやり取りを行う。5)では「彼の両親は厳しいですよ。彼は仕事が忙しいですよ。彼は料理が下手ですよ。」など、ペアの1人が自由に問題点を挙げ、もう1人が「〜ても、結婚したいです。」で答える。クラス全体で言い合う。**文型3**

板　書：
　　おかねが　ない　　　→　　　　　　　　なくて┐
　　ちからが　よわい　　→　　　　　　よわくて│も、　けっこんしたいです。
　　としが　10さいしただ　→　10さいしたで┘

| 留意点： | ・5）は動詞・形容詞・名詞（肯定形と肯定形）を、自由に使ってよい。 |
| | ・「背が低い」「太っている」など身体的な条件は避ける。 |

3-3.

ポイント：	新製品の紹介ができる，「S1てもS2」
場　面：	画期的な新製品について話している
新出語：	酔う，壊れる
練習の仕方：	①イラストを見ながら練習する。 ＋α 便利グッズ（防水の携帯電話）などを自由に言い合う。

3-4.

ポイント：	幸せの条件が言える
新出語：	幸せ[な]
練習の仕方：	①『メインテキスト』のイラストを見ながら練習する。 ＋α ペアかグループでお互いの幸せの条件について言い合う。
留意点：	4）「恋人がいたら、幸せです。」と言うSに「恋人がいたら、お金がなくても幸せですか。」などのようにさらに聞くこともできる。

使いましょう

ポイント：	仮定条件を使ったインタビューができる
新出語：	親，普通，注意する，喧嘩する，好き嫌いする，サボる，甘い
練習の仕方：	①Sに、子供のとき両親は厳しかったかどうか、厳しい親と甘い親とどちらがいいか、将来Sは厳しい親になるかと聞いてイメージを膨らませる。
	②テキストの質問に対する自分の答えを考え、5）にインタビューしたい質問事項を記入する。内容をTがチェックした後、ペアでインタビューし合う。P.9（6）参照。
留意点：	・インタビュー結果を発表する際、厳しい親ナンバーワン、甘い親ナンバーワンを選ぶのも楽しい。

会話

場　面：	キム・ヘジョンが学校の事務室でツアーの申し込みをしている
新出語：	ツアー，申し込み，〜書，申込書，中止，心配[な]，〜までに
新出項目：	②8時までに来てください。③学校に来てください。（「へ」の代用）
留意点：	・「行く、来る、帰る」の助詞は「に」でもいいことを教える。
	・「まで」「までに」の違いを聞かれたら、「勉強は9時から12時までです。学生は9時までに教室へ来てください。」と答える。

22

> **到達目標：** だれかがしてくれた行為を感謝の気持ちで述べられる
> 人に対する好意的な行為を述べることができる
> お礼状を書くことができる

1.

ポイント： 「N1（人）にN2（もの）をくれる」

新出語： 人形，くれる

練習の仕方： ①「誕生日にプレゼントをもらいましたか。だれにもらいましたか。」と聞いて、2つ目の質問のSの答えを左に板書する。次に何をもらったか聞いて答えを中央に板書する。再度「友達は？」と尋ね、Sの「時計」などの答えを待って、「友達はわたしに時計をくれました。」と板書する。ほかのSにも同様に聞いて、クラスで文を確認する。②『メインテキスト』に戻って人物を確認してから練習する。**文型1**

板　書：

| ともだち | は　わたしに | とけい
はな | を　くれました。 |

留意点： ・ものの受け手は「わたし」で練習する。
・Sから「父はわたしにあげました。」ではだめかと質問されたら、日本語では「父はくれました。」を使うと答える。

2-1.

ポイント： 「Vてくれる」

場　面： マリー・スミスが親切な人であることを具体的に述べている

新出語： ハンカチ

練習の仕方： ①『メインテキスト』のイラストを見て、好意的な行為は「て形＋くれました」で表すことを板書で確認後、練習する。**＋α** クラスでだれがいちばん親切か聞き、その人が親切にしてくれたことをクラスで自由に出し合う。**文型2**

板　書： マリーさんは　わたしに　<u>ハンカチを　かして</u>　くれました。
　　　　　　　　　　　　　　　　　　　Vて

留意点： ・「物をくれる」を「あげてくれる」「くれてくれる」と言うことがあるので、物は「くれる」を使うことを教える。

130

・「わたしの荷物を持つ」「わたしを連れて行く」など、助詞が変わるもの
　は教えない。
・「わたしに」の部分は、口頭練習では省略して練習してもよい。

2-2.

ポイント：	だれがしてくれたか聞ける／言える，「Vてくれる」
場　面：	渡辺あきの家にホームステイしたときの写真を見て話している
新出語：	連れて行く，連れて来る＊
新出項目：	①A：だれが浴衣を貸してくれましたか。（疑問詞が主語の文とその答え） 　　B：渡辺さんが貸してくれました。
用意する物：	Ⓓ🅐文字カード❶助詞「が」
練習の仕方：	①ホームステイしたことがあるかと聞いて、経験のあるSがいたら、何を してくれたか、だれがしてくれたか質問してイメージ作りをする。いなけ れば、ホームステイしたいか、ホームステイ先で何をしたいかなどで話題 を広げる。②『メインテキスト』を見て、「Bさんは浴衣を着ていますね。 Bさんの浴衣？」などと促して「だれが」を使った質問文を導き、Sの自 由な答えを板書し、確認する。

板　書：　　　A：　　　　　だれ ［が］　~~あなたに~~　ゆかたを　かして　　くれましたか。
　　　　　　　　B：わたなべさん ［が］　　　　　　　　　　　かして　　くれました。

留意点：	・「あなた・わたし」は省略すること、情報として明確なものは言わないこ とをテキストの練習の前に示す。 ・ホームステイの写真などを見せるとイメージが膨らむ。 ・ホームステイ経験のあるSがいたら、ホストファミリーがしてくれたこ とを挙げてもらい、クラス全員で「だれが〜てくれましたか。」と質問文を 作って練習してもよい。

3.

ポイント：	「Vてもらう」
場　面：	Bが、来日したばかりのAの寮の生活を心配して聞いている。Aは寮の管 理人の岩崎に手伝ってもらったことを話している。
新出語：	蛍光灯，見る，直す，取り替える
練習の仕方：	①日本へいつ来たか、来て困ったことは何か、その状況をどうやって解決 したかを聞く。だれかに助けを求めて解決したSがいたら、それを板書で 示し、「〜てもらいました」ということを教える。②『メインテキスト』を 見て、「あ、これはBさんの部屋のシャワーですね。壊れましたか。大丈夫 ですか。」などと1つずつ状況を確認しながらTが聞き、Sに答えを促す。 　⊞α　けがをしたら、困ることやできないことをSから引き出し、板書す る。「〜は大丈夫ですか。」「ええ。〜さんに〜てもらいます。」の形でペア で練習する。**文型3**

131

板　書：	A：<u>シャワー</u>は　だいじょうぶですか。
	B：ええ、いわさきさんに　<u>みて</u>　もらいました。
	V て

留意点：	・「～てくれる」「～てもらう」の違いについて質問が出たら、「Aさんは親切です。Aさんは～てくれました。」「わたしは困っています。わたしは～てもらいました。」と説明する。

4. 🎤💬

ポイント：	人のために何をしてあげるかインタビューして、発表できる，「Vてあげる」
新出語：	けが，合格する
練習の仕方：	①**3**からの流れで、「皆さんは親切ですね。友達がけがをしたら、何をしてあげますか。」と聞き、Sの答えを待って質問と答えを板書で確認する。②『メインテキスト』の練習をし、インタビュー結果をまとめて発表する。P.9（6）、（7）参照。

板　書：	A：<u>ともだちが　けがをしたら</u>、　　<u>なにを</u>　<u>して</u>　　　あげますか。
	B：　　　　　　　　　　　　　　　　<u>ごはんを</u>　<u>つくって</u>　あげます。

友達の会話 ① 👥

ポイント：	友達に依頼できる，「Vてくれる？」
場面：	頼みごとを引き受けてくれるか、友達に意思を聞いている
新出語：	渡す，ごめん。
練習の仕方：	①友達に頼みたいことをSから引き出し、「～て」の形で板書する。相手の意思を尊重して依頼する場合は「～てくれる？」を使うことを教え、「Vてくれる？」のほうが「Vて」より丁寧になることを教える。②『メインテキスト』の練習をする。P.9（4）参照。

板　書：	おかね、かして　　　くれる？
	わからないこと、おしえて
	こいびとの　しゃしん、みせて
	V て

留意点：	・友達への依頼として「～てくれない？」と言う表現もあるが、Sの混乱を避けるために、ここでは「～てくれる？」の形で教える。

友達の会話 ② 👥

ポイント：	上下関係を意識して答えられる

場　面：	上司が部下に命令している
新出語：	プロジェクター，つける，配る
練習の仕方：	①Tが「エアコン、つけてくれる？」とSに言い、「うん、いいよ。」と答えたら失礼になるので、目上の人には「はい。分かりました。」と言うことを教える。②ペアを作り、上司と部下や教師と学生の役割になって『メインテキスト』の練習する。 ┼α 上司役のSが自由に仕事を依頼し、部下はすべて「はい、分かりました。」で答えて行動する。途中で役割交替する。
留意点：	・上司が「～てくれる？」を使った場合は、言い方は婉曲ではあるが、命令となる。

使いましょう 1 ✎

ポイント：	相手の好意に対して、感謝の気持ちが書ける
場　面：	学校をやめるケラム・セルカンに、お別れの記念として感謝の寄せ書きを作る
新出語：	お世話になりました。，お元気で。，トルコ
新出項目：	②トルコ語を教えてくれて、ありがとう。
練習の仕方：	①国に寄せ書きを贈る習慣があるか、どんな時に贈るか、どんなことを書くか等の話題を提供し、クラスで話す。寄せ書きには感謝の気持ちを表す表現として「～てくれて、ありがとう。」と書くことを教える。②実際に学校をやめる学習者や教師がいたら、その人のために寄せ書きを作る。 ┼α クラス全員用の寄せ書き用紙を準備し、すべてに1人ずつメッセージを書いて、最後に本人に渡す。
板　書：	<u>りょうりを　つくって</u>　くれて、ありがとう。
留意点：	・ ┼α の活動は、クラスメイトのよい面を探して書くことになるので、もらった寄せ書きを読むことがクラスの雰囲気作りに役に立つ。ただし、時間がかかるので、時間配分に注意する。 ・「～くれて」の「て」は原因・理由の用法だが、このテキストでは文法項目としては取り上げない。自然に定着するよう、随所に練習に取り入れている。

使いましょう 2 ✎

ポイント：	お礼のはがきが書ける
場　面：	長崎へ行ったケラム・セルカンから渡辺あきへのお礼の絵はがき
新出語：	日，遠く，インターンシップ，楽しみ，皆様，こちら，そちら＊，あちら＊，この間，～県，～都，～市，～区，～様，お元気ですか。 文京区，小石川，長崎(県)，上田市，上田
練習の仕方：	①P.10（8）参照。②日本の手紙の住所の書き方を確認、練習する。③手紙の文章で必要な要素を確認、だれに書くか決め、書く内容の下書きをする。④実際にはがきに書くように書く。『文型説明と翻訳』P.160参照。

2章　各課の教え方

22

133

留意点：　・2人の関係が理解しやすいように**会話**を先に行ってもよい。
　・初めに実際の絵はがきを見せ、書くときも本物のはがきを使うと現実感が伴い、積極的に取り組める。
　・**使いましょう1**から時間のかかる書く活動が続くので、時間調整に気をつける。内容の下書きは宿題にしてもよい。
　・暑中見舞いや年賀状にしてもよい。『文型説明と翻訳』P.160参照。

会話

場　面：　ケラム・セルカンが空港で渡辺に別れの挨拶をしている
新出語：　こと，機会，うれしい，いいえ、こちらこそ。，そうでしたね。
留意点：　・「いろいろお世話になりました。」「こちらこそ。」「どうぞお元気で。」「機会があったら来てください。」など、別れの会話の常套句を使えるようにするとよい。

まとめ４

到達目標： 普通形の整理、授受動詞の確認

1.
ポイント： 　普通形の整理

2. ✐
ポイント： 　絵に基づいた描写
新出語： 　消しゴム，僕，ドア，石田
練習の仕方： 　①例）の男の子の視点で書いた物語を読み、確認する。②『メインテキスト』のイラストを見て、男の子の視点で、各自作文する。 ＋α 同じイラストのシチュエーションで女の子の視点で書く。

3.
ポイント： 　読解と普通形の確認
新出語： 　小学校，みんな，声，文，驚く，寂しい，ある〜，同じ〜，〜君，おめでとう。，勇太
練習の仕方： 　P.10（8）参照。

3章

文型説明

3章は『日本語初級1大地 文型説明と翻訳』の文型説明を基にしたものです。

凡例

〔例〕

N 名詞		
N（場所）	場所に関する名詞	〔ここ〕〔こうえん〕
N（人）	人に関する名詞	〔せんせい〕〔おとこの　ひと〕
N（位置）	位置に関する名詞	〔まえ〕〔うえ〕
Nで^{注)}	名詞文のて形	〔やすみで〕

V 動詞		
Vます	ます形	〔よみます〕
V~~ます~~	ます形の語幹	〔よみ〕
Vましょう	V~~ます~~＋ましょう	〔よみましょう〕
Vたい	V~~ます~~＋たい	〔よみたい〕
Vて	動詞のて形	〔よんで〕
Vた	動詞のた形	〔よんだ〕
Vない	動詞のない形	〔よまない〕
Vないで	ない形のて形	〔よまないで〕
Vなくても　いいです	ない形の語幹＋なくても　いいです	〔よまなくても　いいです〕
V dic.	動詞の辞書形	〔よむ〕

A 形容詞		
いA	い形容詞	〔おおきい〕
なA	な形容詞	〔べんり〕
いAくて^{注)}	い形容詞のて形	〔おおきくて〕
なAで^{注)}	な形容詞のて形	〔べんりで〕

S 文、節	〔わたしは　がくせいです。〕
（主語と述語のある）	〔いい　てんきです〕が、〔さむいです。〕

*活用を表す表の中の例外	〔*いいです〕
＊その課で学習する語と関連のある語や表現	〔あさごはん＊〕

注)「いAくて」「なAで」「Nで」もこのテキストではて形と呼びます。

説明文中に「意味は"訳"です。」とあるところは、『日本語初級1大地 文型説明と翻訳』の各国語版において、その言語の訳が入っています。

日本語の特徴

1. 日本語には男性形、女性形の区別はありません。また、名詞に数えられるか否かの区別や単数形と複数形の区別もありません。

2. 動詞、形容詞は語形変化をします。

3. 日本語の文では「助詞」と呼ばれる後置詞が、語と語の関係を示したり、話者の気持ちを表したりします。
   例：は（主題）、で（動作の場所）、を（動作の対象）など。

   わたし は うち で えいが を みます。

4. 述部は文末に来ます。時制や話者の気持ちは普通、文末で表します。また、丁寧さの違いも文末の変化で表します。

5. 語順にあまり縛られません。

6. 修飾語は常に修飾される語や句の前に来ます。

   例：わたしは うちで おもしろい えいがを みます。

7. 文脈の中で示す語が明白な場合はしばしば省略します。

8. 表記法
   日本語は①平仮名、②片仮名、③漢字、④アルファベットによって、書き表します。

   木村 さんは コンビニ で CD を 買 いました。
   ③　　①　　　②　　①④①④　　　①

1

名詞文1（非過去・肯定、否定）

1. わたしは リン・タイです。

●N1は N2です

1）「は」は文の主題を表す助詞です。N1を主題として取り上げ、N2でそれに付いて説明を加える文です。

> この助詞の「は」は「わ」と発音します。

2）「です」はN2についての判断や断定を表します。

2. ポンさんは がくせいですか。

●Sか

1）「か」は文末に付いて疑問文を作る助詞です。疑問文も平叙文と語順は変わりません。文末の「か」を高く発音します。

2）疑問文の内容が正しいと判断するときや同意するときに「はい」、正しくないと判断するときは「いいえ」で答えます。⇒**3**-2）

　A：アンさんは がくせいですか。

　B：はい、がくせいです。

> 文の主題が明らかなときは「主題+は」は省きます。

3）「はい、そうです」は名詞文の疑問に肯定で答えるときに用います。意味は"訳"です。

　A：アンさんは がくせいですか。

　B：はい、そうです。

3. アンさんは がくせいじゃ ありません。

●Nじゃ ありません

1）「じゃありません」は「です」の否定形です。

2）「じゃありません」は疑問文の内容が正しくないと判断するときや同意しないとき「いいえ」と共に使います。

　A：アンさんは がくせいですか。

　B：いいえ、がくせいじゃ ありません。

4. キムさんも がくせいです。

●N1も N2です

助詞「も」の意味は"訳"です。「は」の代わりに使います。

　リンさんは がくせいです。

　キムさんも がくせいです。

5. リンさんは にほんごがっこうの がくせいです。

●N1のN2

「の」は2つの名詞をつなぐ助詞です。N1は常にN2を修飾します。この文のN1はN2の所属する組織を表します。

「～さん」は聞き手や第三者の名字や名前に付けて、話し手の敬意を表します。自分自身の名前には使いません。

「（お）くに」、「（お）なまえ」などの「お」は丁寧さを表します。自分自身の名前や国には使いません。

2

指示詞1（これ・それ・あれ）

1. これは ノートです。

   ●これ／それ／あれ
   「これ」「それ」「あれ」は指示詞です。名詞を伴わず、独立して用います。
   「これ」は話し手の近くにあるものを指します。
   「それ」は聞き手の近くにあるものを指します。
   「あれ」は話し手、聞き手双方から離れたところにあるものを指します。

2. A：これは なんですか。
   B：ボールペンです。

   ●なん
   「なん」はものが何かを尋ねる疑問詞です。意味は"訳"です。疑問詞を使う疑問文も平叙文の語順と同じです。

3. A：これは なんの カタログですか。
   B：コンピューターの カタログです。

   ●なんの N
   Nの内容や種類について聞くとき、「なんのN」を使います。

4. この くるまは にほんせいです。

   ●この N／その N／あの N
   「この」「その」「あの」は常に名詞を後ろに伴って使います。
   「このN」は話し手の近くのものや人を指します。
   「そのN」は聞き手の近くのものや人を指します。
   「あのN」は話し手、聞き手双方から離れたところのものや人を指します。

5.

> A：あの ひとは だれですか。
> B：リンさんです。

●**だれ**

「だれ」は人がだれかを尋ねる疑問詞です。意味は〝訳〟です。

6.

> それは わたしの ほんです。

●**N 1の N 2**

1）この文の助詞「の」は所有者を表します。「わたしの」の意味は〝訳〟です。
「の」に続く名詞が何であるか文脈から明白な場合は、次のようにしばしば名詞を省略します。
それは わたしのです。

2）ものの所有者を尋ねるとき「だれの」を使います。意味は〝訳〟です。
それは だれの ほんですか。
それは だれのですか。

7.

> A：これは さとうですか、しおですか。
> B：さとうです。

●**S 1か、S 2か**

S1かS2か、どちらかを尋ねる疑問文です。
答えは「はい」「いいえ」を用いず、選んだほうだけを答えます。

143

3

指示詞2（ここ・そこ・あそこ）

1. ここは しょくどうです。

● ここ／そこ／あそこ

「ここ」「そこ」「あそこ」は場所を示す指示詞です。

「ここ」は話し手のいる場所を指します。

「そこ」は聞き手のいる場所を指します。

「あそこ」は話し手、聞き手双方から離れた場所を指します。

話し手と聞き手が同じ領域にいるとみなす場合、その領域内は「ここ」で表します。

2. コピーきは あそこです。

● N 1 は N 2（場所）です

1）人やものの存在する場所を表します。

コピーきは あそこです。

トイレは そこです。

マリーさんは しょくどうです。

2）「どこ」は人やものの所在を尋ねる疑問詞です。意味は"訳"です。

A：コピーきは どこ ですか。

B：あそこです。

3. この パソコンは 89,000えんです。

● ―えんです

1）「―えん」は日本の通貨単位を表す助数詞です。

2）「いくら」はものの値段を尋ねる疑問詞です。意味は"訳"です。

A：この パソコンは いくら ですか。

B：89,000えんです。

4. A：それは どこの くるまですか。
B：アメリカの くるまです。

● どこの N

1）この文の助詞「の」は生産された場所（国もしくは会社）を表します。

2）生産国や製造会社を尋ねるとき、「どこのN」を使います。意味は"訳"です。

助詞「の」は「N1のN2」の形で後ろに来る名詞を修飾して、所有者、内容、種類などを表すとき使います。

●こ／そ／あ

	こ	そ	あ
もの	これ	それ	あれ
もの／人	この N	その N	あの N
場所	ここ	そこ	あそこ

1）「1かい」「8,900えん」などの「―かい」「―えん」は助数詞です。
2）ものの数や量を数えるとき、数字の後ろに助数詞を付けます。助数詞は数える対象によって変わります。

4

> **動詞文1（非過去・肯定、否定）**

1. アンさんはパンを食べます。

●NをVます

1) 動詞文でだれかが何かを行うという意味です。「を」は動作の対象を表す助詞です。

> 助詞「を」は「お」と発音します。「を」の文字は助詞のときにだけ使います。

2) 「Vます」は動詞非過去の肯定形で、習慣的な行動、未来の行動、話し手の意志を表します。

3) 「なに」は動作の対象を尋ねる疑問詞です。意味は "訳" です。

> A：アンさんは何を食べますか。
> B：パンを食べます。

2. わたしはコーヒーを飲みません。

●Vません

1) 「Vません」は「Vます」の否定形です。「Vません」は以下のように「ます」を「ません」に変えて作ります。

非過去・肯定	非過去・否定
のみます	のみません
ききます	ききません

2) 質問に答えるとき、肯定と否定の答えは次のとおりです。

> A：コーヒーを飲みますか。
> B１：はい、飲みます。
> B２：いいえ、飲みません。

> 文脈から動作の対象が明らかなときは「動作の対象＋を」を省きます。

3. わたしは何も食べません。

●何もVません

「なにも」（疑問詞「なに」＋助詞「も」）を含む動詞否定文は全面的な否定を表します。

> A：何を食べますか。
> B１：ラーメンを食べます。
> B２：何も食べません。

4. わたしはコンビニでパンを買います。

●N（場所）でVます

1）「で」は動作が行われる場所を表す助詞です。意味は "訳" です。

2）動作の場所を尋ねるとき、「どこで」を使います。

A：どこでパンを買いますか。

B：コンビニで買います。

- -

①テニスをします。それから、テレビを見ます。

「それから」は物事が起きた順に2つの文を並べるときに使う接続詞です。意味は "訳" です。

②パンと野菜を食べます。

「と」は名詞をつなげて、並べる助詞です。意味は "訳" です。文をつなぐのには使えません。

「なに」と「なん」は同じ意味です。

「なに」が多くの場合使われますが、後ろに来る語が以下のときは「なん」を使います。

1）「た」行、「だ」行、「な」行で始まる語が後ろに付く場合。

これは何ですか。

これは何の本ですか。

2）助数詞を後ろに伴う場合。

何階ですか。

今何時ですか。⇒5課

3章 文型説明

4

5

> **動詞文2（過去・肯定、否定）**
> **時に関する表現**

1. 今8時15分です。

●―時―分

1) 時刻を表す言い方で、数字のあとに助数詞「じ」"訳"「ふん／ぷん」"訳" をつけて表します。「―ふん」「―ぷん」の発音に気をつけてください。

2) 時刻を尋ねるとき、疑問詞「なんじ」「なんぷん」を使います。

　　A：今何時ですか。

　　B：8時15分です。

2. わたしは毎朝7時半に起きます。

●N（時刻）にVます

1)「に」は動作の行われる時を表す助詞です。意味は "訳" です。

2) 動作の時刻を尋ねるとき、「なんじに」を使います。

　　A：リンさんは毎朝何時に起きますか。

　　B：7時半に起きます。

3. わたしは月曜日から金曜日まで勉強します。

●N1からN2まで

1)「から」は時や場所の起点を表す助詞です。意味は "訳" です。「まで」は時や場所の終点や到達点を表す助詞です。意味は "訳" です。

　　月曜日から金曜日まで

　　9時から12時40分まで

2)「から」「まで」は「です」に直接付けて用いることもあります。

　　学校は9時から12時40分までです。

　　映画は何時からですか。

4. わたしは昨日カメラを買いました。

●Vました

　「Vました」は「Vます」の過去形です。「Vました」は「ます」を「ました」に変えて作ります。

5. わたしは昨日新聞を読みませんでした。

●Vませんでした

　「Vませんでした」は「Vません」の過去形です。「Vませんでした」は「ません」

を「ませんでした」に変えて作ります。

非過去		過去	
肯定	否定	肯定	否定
かいます	かいません	かいました	かいませんでした
します	しません	しました	しませんでした
ねます	ねません	ねました	ねませんでした

....

①12時ごろ寝ました。

「ごろ」はおおよその時刻を表す助詞です。意味は"訳"です。

6

> ## 動詞文3（行きます／来ます／帰ります）

1. | わたしはロンドンへ行きます。 |

●N（場所）へ行きます／来ます／帰ります

1）「へ」は移動の方向を表す助詞で、意味は"訳"です。「いきます」「きます」「かえります」のような移動動詞と共に使います。

> 助詞の「へ」は「え」と発音します。

2）移動先を尋ねるとき、「どこへ」を使います。意味は"訳"です。

A：どこへ行きますか。

B：銀行へ行きます。

2. | わたしは3月30日に日本へ来ました。 |

●N（時）に行きます／来ます／帰ります

1）「に」は「3月30日」のような数字を伴う時の表現に付いて、動作が行われる時を表す助詞です。

2）「いつ」は時を尋ねる疑問詞です。意味は"訳"です。

3）「あした」「まいあさ」「いつ」など、数字を伴わない語には「に」は付きません。

A：いつ日本へ来ましたか。

B1：3月30日に来ました。

B2：去年来ました。

―に	1時に　　4月に
―に	朝　　今日　　毎日　　いつ

ただし、曜日は「にちようびに」のように「に」を付けることもあります。

3. | わたしはバスで大使館へ行きます。 |

●N（交通手段）で行きます／来ます／帰ります

1）「で」は「でんしゃで」"訳"「ひこうきで」"訳"「じてんしゃで」"訳"などのように乗り物を表す語を伴って、交通手段を表す助詞です。「あるいて」の場合は「で」は付かないので、「あるいてで」は間違いです。

2）交通手段を尋ねるとき、「なんで」を使います。

A：何で大使館へ行きますか。

B1：バスで行きます。

B2：歩いて行きます。

4. わたしは田中さんと病院へ行きます。

●N（人）とV

1) 「と」は動作を共に行う人を表す助詞です。意味は"訳"です。

2) 動作を共に行う人を尋ねるとき、「だれと」を使います。

　　Ａ：だれと病院へ行きますか。

　　Ｂ１：田中さんと行きます。

　　Ｂ２：一人で行きます。

5. 一緒に昼ご飯を食べませんか。

●Vませんか

1) 「Vませんか」は、人を誘うときの表現です。意味は"訳"です。「ます」を「ませんか」に変えて作ります。

　　たべます→たべませんか

　　いきます→いきませんか

2) 誘われたとき、次のどちらかを選んで答えます。

　　Ａ：一緒に昼ご飯を食べませんか。

　　Ｂ１：ええ、いいですね。

　　Ｂ２：すみません。ちょっと……。

　　　「Vますか」はその動作をするかしないかを聞く表現で、誘いの表現ではありません。

・・・

①どこへも行きませんでした。

　「どこへも（疑問詞＋助詞＋も）＋動詞否定形」は全面的な否定を表します。意味は"訳"です。

　　Ａ　どこへ行きますか。

　　Ｂ１：銀行へ行きます。

　　Ｂ２：どこへも行きません。

「疑問詞＋を」の場合は、助詞「を」を「も」と入れ替えて全面的な否定を表します。

Ａ：何を食べますか。

Ｂ１：ラーメンを食べます。

Ｂ２：何も食べません。

7

形容詞文1（非過去・肯定、否定）

1. このパソコンは新しいです。
このパソコンは便利です。

●Nは ［いA］ です
　　　　［なA］

1) 日本語には、い形容詞（いA）とな形容詞（なA）という2種類の形容詞があります。名詞を修飾するとき、名詞の前が「い」となる形容詞をい形容詞、「な」となる形容詞をな形容詞と呼びます。⇒**3**
　　　な形容詞は「です」の前では「な」が付きません。
2) 日本語の形容詞は活用します。非過去、過去、肯定、否定の活用形があります。
3) 「どう」は感想や意見を尋ねる疑問詞です。意味は"訳"です。
　　　A：このパソコンはどうですか。
　　　B：便利です。

2. ポンさんの部屋は広くないです。
ポンさんの部屋はきれいじゃありません。

●Nは ［いAくないです
　　　　［なAじゃありません］

1) い形容詞非過去の否定形は「―くないです」です。肯定形の「いです」を「くないです」に変えます。

いA	非過去・肯定	非過去・否定
	ひろいです	ひろくないです
	あたらしいです	あたらしくないです
	*いいです	よくないです

　　A：ポンさんの部屋は広いですか。
　　B1：はい、広いです。
　　B2：いいえ、広くないです。

2) な形容詞非過去の否定形は「―じゃありません」です。肯定形の「です」を「じゃありません」に変えます。

なA	非過去・肯定	非過去・否定
	べんりです	べんりじゃありません
	きれいです	きれいじゃありません

152

Ａ：ポンさんの部屋はきれいですか。

Ｂ１：はい、きれいです。

Ｂ２：いいえ、きれいじゃありません。

3. 富士山は高い山です。

富士山は有名な山です。

●Ｎ１はＡ＋Ｎ２です

1）形容詞が名詞を修飾する場合、常に名詞の前に置かれます。このとき、い形容詞は「い」、な形容詞は「な」が名詞の前に来ます。

2）「どんな」はＮを伴って、Ｎの状態や性質、種類を尋ねる疑問詞です。「どんなＮ」という形で使います。意味は"訳"です。

Ａ：富士山はどんな山ですか。

Ｂ１：高い山です。

Ｂ２：有名な山です。

4. リンさんのかばんはどれですか。

●どれ

「どれ」は３つ以上の選択肢から、１つを特定するときに使う疑問詞です。意味は"訳"です。

Ａ：リンさんのかばんはどれですか。

Ｂ：それです。その大きいかばんです。

・・

①漢字はあまり難しくないです。

「あまり」は程度を表す副詞で、後続の形容詞や動詞の否定形と共に使います。

漢字は難しいです。

漢字はあまり難しくないです。

②わたしのアパートは広いです。そして、きれいです。

「そして」は２つの文を並べる接続詞です。意味は"訳"です。

③わたしのアパートは広いですが、きれいじゃありません。

「が」は２つの文をつないで１つの文にする接続助詞です。意味は"訳"です。

④きれいな写真ですね。

「ね」は話し手の共感を表す終助詞です。

8

存在文

1. あそこにスーパーがあります。
あそこに田中さんがいます。

●N1（場所）にN2があります／います

1）「あります」「います」はものや人の存在を表す動詞です。意味は"訳"です。「あります」はスーパーや本などの無生物と木や花などに、「います」は人や動物などの生物に使います。

文の主語（N2）は、助詞「が」で表します。

2）存在する場所（N1）は助詞「に」で表します。

3）存在するものや動物が何かを尋ねるときは「なにが」、存在する人がだれかを尋ねるときは「だれが」を使います。

A：あそこに何がありますか。
B：地図があります。

A：あそこにだれがいますか。
B：田中さんがいます。

2. 駅の前に銀行があります。

●N1のN2（位置）

存在の場所をより詳細に述べるとき、位置詞を使います。「まえ」"訳"、「うしろ」"訳"、「よこ」"訳"などのN2が位置詞です。

N1（基準となる名詞）＋の＋N2（位置詞）の語順で使います。

A：駅の前に何がありますか。
B：銀行があります。

3. リンさんはロビーにいます。

●N1はN2（場所）にいます／あります

1）N1の存在する場所を示す表現です。N1は文の主題となり、助詞「は」を使います。

2）人やものの存在する場所を尋ねるとき、「どこに」を使います。

A：リンさんはどこにいますか。
B：ロビーにいます。

4. あそこに学生が4人います。

　　●N（人）が—人います
　　1）「—にん」は人を数えるときの助数詞です。
　　2）人数を尋ねるとき、疑問詞「なんにん」を使います。
　　　　A：あそこに学生が何人いますか。
　　　　B：4人います。

5. 一緒に歌いましょう。

　　●Vましょう
　　　「Vましょう」は話し手が聞き手に対し、共に何かを行うことを誘いかけるとき使います。また、誘いに同意するときにも使う表現です。「ます」を「ましょう」に変えて作ります。「Vませんか」は相手の意向を尊重する気持ちがあるのに対し、「Vましょう」は積極的に相手を誘ったり、促したりする意味合いがあります。⇒6課-**5**

①花屋の隣にありますよ。
　　「よ」は聞き手の知らない情報であることを強調する場合に用いる終助詞です。

②花屋の隣ですね。
　　「ね」は聞き手と共通の話題について、確認を表す場合に用いる終助詞です。

③町に古い教会やきれいな公園があります。
　　「や」は名詞をつなぎ、数多くあるものからいくつかを選んで示すときに用いる助詞です。「と」がすべてのものを列挙するのに対し、「や」はほかにも多くのものがあるということを言外に含んでいます。⇒4課-②

　　「どうもありがとうございました」は、なされたことに対して謝意を述べる表現です。過去にしてもらったことについて改めて礼を述べたり、礼を言って会話を終わらせるときなどに使います。

155

9

対象を「が」で表す文

1. わたしは映画が好きです。

●**Nが好きです／嫌いです／上手です／下手です**

1）「すきです」「きらいです」「じょうずです」「へたです」は、対象語を必要とする
な形容詞です。これらの形容詞の対象は助詞「が」で表します。

2）あるグループやカテゴリーの中から具体的名称を尋ねたいとき、「どんな」を使
います。意味は"訳"です。
A：どんなスポーツが好きですか。
B：テニスが好きです。

2. わたしは韓国語が分かります。

●**Nが分かります**

「わかります」の対象は助詞「が」で表します。

3. 簡単ですから、分かります。

●**S1から、S2**

「から」は2つの文をつないで1つの文にし、理由を表す接続助詞です。意味は
"訳"です。S1はS2の理由を表します。

4. A：どうして大きいケーキを買いますか。
B：リンさんの誕生日ですから。

●**どうしてSか**

「どうして」は理由が何かを尋ねるときに使う疑問詞です。意味は"訳"です。理
由を答えるとき、「から」を文末に付けます。

・・・

①時間があります。

「あります」は"訳"の意味でも使われます。「あります」の対象は助詞「が」で表し
ます。
約束があります。
お金があります。

お見合いしませんか。
　「Vませんか」は相手にその動作をするよう勧めるときにも使う表現です。

以下の副詞は動詞や形容詞の前に付いて、その程度を表します。
　　よく　（80-90%）　⎫
　　だいたい（50-80%）　⎬　肯定形
　　少し　（30%）　⎭
　　あまり（20%）　⎫
　　全然　（0%）　⎬　否定形
　　　　　　　　%はおおよその数字です。

10

動詞文4（動作の受け手や与え手を助詞「に」で表す動詞）

1. わたしは友達に傘を貸しました。

●N1（人）にN2（もの）をV

1）動詞「かします」「あげます」「おしえます」「おくります」の動作の受け手は助詞「に」で示します。意味は"訳"です。

2）動作の受け手を尋ねるとき、「だれに」を使います。

　　A：だれに傘を貸しましたか。

　　B：友達に貸しました。

2. わたしはマリーさんに辞書を借りました。

●N1（人）にN2（もの）をV

1）「かります」「もらいます」「ならいます」はその動作の受け手の立場で述べる動詞で、動作の与え手を助詞「に」で示します。「に」の意味は"訳"です。

2）動作の与え手を尋ねるとき、「だれに」を使います。

　　A：だれに辞書を借りましたか。

　　B：マリーさんに借りました。

3. りんごを7つ買いました。

●Nを数＋助数詞V

1）りんごや、かぎ、いすなどのものを数えるとき、1から10までは助数詞「ひとつ、ふたつ…とお」を用います。

2）「いくつ」はものの数を尋ねるときの疑問詞です。意味は"訳"です。

　　A：りんごをいくつ買いましたか。

　　B：7つ買いました。

4. はしですしを食べます。

●NでV

1）この助詞「で」は何かを行うときの手段や方法を表します。

2）何か行う際の手段や方法を尋ねるとき、「なんで」を使います。

　　A：何ですしを食べますか。

　　B：はしで食べます。

・・・

①わたしはコーヒーとケーキにします。

　「Nにします」は複数の中から、1つのものを選んで決めるときの表現です。決める対

象によって、疑問詞「なん」「いつ」「どこ」「だれ」などを用います。

〈レストランでの会話〉

A：何にしますか。

B：コーヒーとケーキにします。

11

比較

1. 東京は人が多いです。

●N１はN２がA

物や人の特徴を述べる表現です。N1は文の主題で助詞「は」を伴います。「N2がA」はN1の解説です。N2は形容詞の主語で、助詞「が」を伴います。上記の文は直訳すると、"訳"です。

　　　N1は　　N2がA

　　　　↑　　　　↑

　　文の主題　　主題についての説明

2. ソウルは東京より寒いです。

●N１はN２よりA

2つの物事を比較するときの表現です。比較の基準となるN2は助詞「より」で示します。「より」の意味は"訳"です。形容詞は比較を示す活用をしません。

3. A：肉と魚とどちらが好きですか。
B：魚のほうが好きです。

●N１とN２とどちらがAか
●N１／N２のほうがA

「どちら」は2つを比較するときに使う疑問詞です。意味は"訳"です。「どちら」はもの、人、場所など何に対しても使われます。答えるときは「のほう」をつけます。両方同じ場合は「どちらも」を使います。「どちらも」の意味は"訳"です。

　　　A：コーヒーと紅茶とどちらが好きですか。
　　　B1：コーヒーのほうが好きです。
　　　B2：どちらも好きです。

4. スポーツでサッカーがいちばん好きです。

●N１でN２がいちばんA

3つ以上を比較してその範囲でいちばんのものを示す場合、「いちばん」を形容詞の前に付けて使います。疑問詞は、ものは「なに」、人は「だれ」、場所は「どこ」、時は「いつ」を使います。比較対象の範囲は「スポーツで」のように「で」で示します。

　　　A：スポーツで何がいちばん好きですか。
　　　B：サッカーがいちばん好きです。

　　　A：家族でだれがいちばん背が高いですか。

B：父がいちばん背が高いです。

5. わたしの部屋は新しくて、静かです。

●いＡくて／なＡで／Ｎで

形容詞文や名詞文を並列させるとき、次のように活用します。い形容詞文は語の最後の「いです」を「くて」に変え、な形容詞文と名詞文は「です」を「で」に変えます。

（「名詞＋です」の活用については、本書では名詞として説明します。）

いＡ：あたらしいです→あたらしくて
　　　　＊いいです→　　よくて
なＡ：　きれいです→　きれいで
Ｎ：　　２かいです→　　２かいで

　　わたしの部屋は新しくて、静かです。
　　わたしの部屋はきれいで、静かです。
　　わたしの部屋は２階で、静かです。

3章 文型説明

11

161

12

形容詞文2、名詞文2（過去・肯定、否定）

1.
> ナルコさんは忙しかったです。
> ナルコさんは元気でした。

●**いＡかったです／なＡでした／Ｎでした**

1）形容詞と名詞文は、動詞と同様に過去、非過去、肯定、否定の４つの活用形があります。

2）過去の肯定形を作る場合、い形容詞は語の最後の「いです」を「かったです」に変えます。な形容詞と名詞は「です」を「でした」に変えます。

いＡ：　いそがしいです→いそがしかったです
　　　　＊いいです→　　　　よかったです
なＡ：　　げんきです→　　　げんきでした
Ｎ　：かいしゃいんです→かいしゃいんでした

2.
> キムさんは忙しくなかったです。
> キムさんは元気じゃありませんでした。

●**いＡくなかったです／なＡじゃありませんでした／Ｎじゃありませんでした**

　過去否定形を作る場合、い形容詞は「くないです」を「くなかったです」に変えます。な形容詞と名詞は「じゃありません」を「じゃありませんでした」に変えます。

いＡ：　　いそがしくないです　→　　いそがしくなかったです
なＡ：　　げんきじゃありません→　　げんきじゃありませんでした
Ｎ　：かいしゃいんじゃありません→かいしゃいんじゃありませんでした

	非過去		過去	
	肯定	否定	肯定	否定
いＡ	たかいです	たかくないです	たかかったです	たかくなかったです
なＡ	ひまです	ひまじゃありません	ひまでした	ひまじゃありませんでした
Ｎ	あめです	あめじゃありません	あめでした	あめじゃありませんでした

3.
> Ａ：ホセさんはどのぐらい日本語を勉強しましたか。
> Ｂ：２週間勉強しました。

●**どのぐらい**

1）「どのぐらい」は時間や期間がどのぐらいかを尋ねる疑問詞です。時間や期間に応じて、「―じかん」「―にち」「―しゅうかん」などの助数詞を使って答えます。

2）「どのぐらい」の代わりに「なんじかん」「なんにち」「なんしゅうかん」「なんか

げつ」「なんねん」などの疑問詞も使われます。

①　10日ぐらいかかります。

「ぐらい」はおおよその量や期間などを表す助詞です。一方、おおよその時刻を表す場合は「ごろ」を用います。⇒5課–①

「ぐらい」は「くらい」と発音されることもあります。

13

ます形

1. | わたしはお金が欲しいです。 |

●**Nが欲しいです**

「欲しい」は何かを所有したいという話し手の願望を表す表現です。意味は"訳"です。聞き手に願望を尋ねるときにも使います。「ほしい」対象は助詞「が」で表します。「ほしい」は、い形容詞で、活用は、ほかのい形容詞と同じです。

「欲しいです」「Vたいです（⇒**2**）」は第三者の希望、願望を表すことには使えません。また、目上の人に「欲しいですか」「Vたいですか（⇒**2**）」を使うと失礼になります。例えばコーヒーを勧めるときなどは「いかがですか」を使います。

コーヒーはいかがですか。

2. | わたしは柔道を習いたいです。 |

●**NをVたいです**

1) 「Vたいです」はある動作をしたいという話し手の願望を表す表現です。意味は"訳"です。聞き手に願望を尋ねるときにも使います。「Vたいです」の活用はい形容詞と同じです。

2) 「ます」で終わる動詞の形を「ます形」（Vます）と呼びます。「Vたいです」は「ます形」の「ます」を「たいです」に変えて作ります。

いきます→いきたいです
たべます→たべたいです
します→　したいです

「ほしいです」「Vたいです」の活用は以下のようになります。

非過去		過去	
肯定	否定	肯定	否定
ほしいです	ほしくないです	ほしかったです	ほしくなかったです
Vたいです	Vたくないです	Vたかったです	Vたくなかったです

3. | わたしは山へ写真を撮りに行きます。
わたしは山へハイキングに行きます。 |

●**N1（場所）へ [Vます / N2] に行きます／来ます／帰ります**

1) どこかへ移動して、何かをする目的を表す表現です。意味は"訳"です。目的は

助詞「に」で表します。

2）目的が動詞の場合、ます形の「ます」を取って「に」を付けます。目的が名詞の場合は名詞に直接付けます。

3）「べんきょうします」「しょくじします」のような「名詞＋します」の形の動詞が目的になるとき、「しにいきます」の「し」は普通省きます。

　　　Ａ：リンさんは山へ何をしに行きますか。
　　　Ｂ１：写真を撮りに行きます。
　　　Ｂ２：ハイキングに行きます。

4. 手伝いましょうか。

　　●Ｖましょうか

　話し手が聞き手に対して、申し出る表現です。意味は"訳"です。ます形の「ます」を「ましょうか」に変えます。

　　　つくり**ます**→つくり**ましょうか**
　　　とり**ます**→　とり**ましょうか**

　　聞き手が申し出を受けるときは「ありがとうございます」、断るときは「いいえ、だいじょうぶです」という表現がよく使われます。

・・

①すき焼きを作り**たいんですが**……。

　1）「Ｖたいんですが」は話し手が何かを質問したり、要望を伝えたいとき、自分の状況や理由を説明する丁寧な前置きとして使います。

　2）「が」は２つの文をつなぐ接続助詞ですが、後ろに続く文を省略することで話し手の遠慮やためらいの気持ちも表します。この助詞「が」には「しかし」の意味はありません。

　3）聞き手は「が」の後文の内容を察して、対応しなければなりません。

②作り**方**

　「つくりかた」は作る方法という意味です。

　「Ｖます」の「ます」を取って、「かた」を付けて作ります。「V~~ます~~＋かた」は名詞です。

　　　つくり**ます**→つくり**かた**
　　　たべ**ます**→　たべ**かた**

③何**か**食べたいです。

　疑問詞「なに／どこ／だれ」＋助詞「か」は特定できない「あるもの」「ある所」「ある人」という意味になります。

　　何か食べたいです。
　　どこか（へ）行きたいです。
　　だれかいますか。

14

動詞のグループ
辞書形
普通体会話1

1. 動詞辞書形

1）動詞のグループ

　　日本語の動詞はⅠグループ、Ⅱグループ、Ⅲグループという3つのグループに分かれます。

Ⅰグループ：ます形の「ます」の前が50音表のい段の動詞（-i ます）

Ⅱグループ：ます形の「ます」の前が50音表のえ段の動詞（-e ます）

　　　　　　ただし、「みます」「かります」「おきます」「います」などⅡグループの中で例外もあります。

Ⅲグループ：不規則動詞：きます、します

Ⅰ	かいます、おろします、かきます、まちます、あそびます、よみます、わかります、など	-i ます
Ⅱ	おしえます、ねます、あげます、たべます、など *みます、かります、おきます、います、など	-e ます -i ます
Ⅲ	きます します、べんきょうします、しょくじします、など	不規則

2）辞書形（V dic.）は動詞の基本形です。辞書にこの活用形で載っているため辞書形と呼ばれます。辞書形はいろいろな表現を後ろに伴って使います。

　　辞書形の作り方は次のとおりです。

	Vます	**V dic.**			**Vます**	**V dic.**	
Ⅰ	かいます	かう	い→う	Ⅱ	たべます	たべる	
	かきます	かく	き→く		ねます	ねる	
	およぎます	およぐ	ぎ→ぐ		みます	みる	ます→る
	はなします	はなす	し→す		かります	かりる	
	まちます	まつ	ち→つ	Ⅲ	きます	くる	
	しにます	しぬ	に→ぬ		します	する	
	あそびます	あそぶ	び→ぶ				
	よみます	よむ	み→む				
	とります	とる	り→る				

166

2. | わたしの趣味は本を読むことです。
わたしの趣味は音楽です。

●わたしの趣味は $\begin{bmatrix} \text{V dic.こと} \\ \text{N} \end{bmatrix}$ です

　　趣味を述べるときの表現です。「こと」は辞書形に付いて、動詞を名詞化します。

3. | アランさんはギターを弾くことができます。
アランさんは中国語ができます。

● $\begin{bmatrix} \text{V dic.こと} \\ \text{N} \end{bmatrix}$ ができます

　　この「できます」は能力を表す動詞です。「できます」の前に、名詞か「V dic.＋こと」を使います。

4. | 図書館でCDを借りることができます。
図書館でインターネットができます。

● $\begin{bmatrix} \text{V dic.こと} \\ \text{N} \end{bmatrix}$ ができます

　　この「できます」はある状況で動作が可能であることを表します。

5. | 食べるまえに、手を洗います。
食事のまえに、手を洗います。

● $\begin{bmatrix} \text{V 1 dic.} \\ \text{Nの} \end{bmatrix}$ まえに、V 2

　　V1の動作を行う前に、V2の動作を行うという表現です。V1は常に形は辞書形で、V2が文全体の時制を表します。「まえに」の前が名詞の場合は名詞の後ろに「の」をつけて、「Nのまえに」となります。

・・・

①猫とか、犬とか。
　　「とか」は例を挙げるときに用いる助詞です。助詞「や」が名詞だけに使われるのに対し、「とか」は名詞以外にも使われます。⇒8課−③

② 　上手ではありません。
　　「ではありません」は「じゃありません」と意味は同じです。「じゃありません」が会話で使われるのに対し、「ではありません」は書き言葉で使われます。

A：何か食べる？
B：うん、食べる。
1）日本語の会話には丁寧体と普通体という2種類の会話体があります。
　　丁寧体は改まった席やあまり親しくない人や知らない人との会話の場面で使いま

す。丁寧体は文末に「です」「ます」で終わる丁寧形を使います。普通体は友人同士や家族間での会話や、目上の人から目下の人に向かって話す場合に使います。普通体の会話では文末に普通形を使います。

2）辞書形は非過去肯定形「Vます」の普通形です。

3）普通体の疑問文では終助詞の「か」を省き、文末を高く発音します。また、「は」「を」など、一部の助詞はしばしば省略します。

15

> **て形1**
> **普通＊会話2**

1. | 動詞て形 |

て形（Vて）は動詞と動詞をつないだり、いろいろな意味を持つ表現を後ろに伴って使います。

て形の作り方は動詞のグループによって異なります。て形の作り方は次のとおりです。

	V dic.	Vて			V dic.	Vて	
I	かう まつ とる	かって まって とって	う つ→って る	II	ねる たべる みる	ねて たべて みて	る→て
	よむ あそぶ しぬ	よんで あそんで しんで	む ぶ→んで ぬ	III	くる する	きて して	
	かく いそぐ はなす ＊いく	かいて いそいで はなして いって	く→いて ぐ→いで す→して				

形容詞、名詞の「いAくて」「なAで」「Nで」もこのテキストではて形と呼びます。
⇒11課-**5**

2. | 先生：リンさん、プリントを集めてください。
リン：はい、分かりました。 |

● **Vてください**

話し手が聞き手に対して指示したり、依頼したりする表現です。

3. | 木村：どうぞ、たくさん食べてください。
ポン：どうもありがとうございます。 |

● **Vてください**

聞き手に勧める表現としても使われます。文型**2**と**3**の意味の違いはその状況、文脈により判断します。

4. キム：漢字を書いてくださいませんか。
先生：ええ、いいですよ。

●Vてくださいませんか
「Vてください」より丁寧な依頼の表現で、目上の人に対して使います。前置きとして、「すみませんが」をよく使います。ただし、「Vてくださいませんか」は文型3の勧める意味では使いません。

5. キムさんは今漢字を書いています。

●Vています
この文型は動作が今進行中であることを表します。

お皿、台所へ運んで。
普通体の会話では「Vてください。」の「ください」は省略されます。
丁寧さの度合いは以下の順に低くなります。

丁寧　　①窓を開けてくださいませんか。
　　　　②窓を開けてください。
くだけた　③窓を開けて。

ここに名前を書いてください。
「に」は動作が向けられる先を表す助詞です。

16

> **て形2**

1. 写真を撮ってもいいです。

　●**Vてもいいです**

　　許可を表す表現です。疑問文「Vてもいいですか」にすると、相手に許可を求める表現になります。許可を求められて、許可する場合は「ええ、いいですよ。」「ええ、どうぞ。」、許可しない場合は遠回しに「すみません。ちょっと……」と答えます。

　　　　A：写真を撮ってもいいですか。
　　　　B１：ええ、いいですよ。
　　　　B２：すみません。ちょっと……。

2. 教室でジュースを飲んではいけません。

　●**Vてはいけません**

　　禁止を表す表現です。街中や公共施設など公共の場所の規則などを述べるとき使います。

3. ナルコさんは結婚しています。

　●**Vています**

　　過去の動作の結果が現在まで続いている状態を表します。
　　また、反復習慣的な動作や、職業について述べる表現としても用います。
　　　　ナルコさんは大学で働いています。

4. 宿題をして、メールを書いて、寝ました。

　●**Ｖ１て、（Ｖ２て、）Ｖ３**

　　動詞をて形でつないで、連続して行う動作や手順を表す表現です。つなげられる動詞は通常２つか３つです。時制は文末で表します。

・・・

①A：さくら大学の場所を知っていますか。
　B：いいえ、知りません。
　「しっています」の否定形は「しりません」です。「しっていません」ではありません。

3章 文型説明

16

171

17

ない形
て形3
普通体会話3

1. 動詞ない形

　ない形はいろいろな表現を後ろに伴って使います。ない形の作り方は動詞のグループによって異なります。

　Ⅰグループ：辞書形の最後の音節「-u」を「-a＋ない」に変えます。（ただし、「-う」は「-あない」ではなく、「-わない」となります。）

　Ⅱグループ：辞書形の「る」を「ない」に変えます。

　Ⅲグループ：「くる→こない」「する→しない」となります。

	V dic.	Vない				V dic.	Vない	
Ⅰ	かう	かわない	う→わ		Ⅱ	ねる	ねない	る→ない
	かく	かかない	く→か			みる	みない	
	はなす	はなさない	す→さ					
	まつ	またない	つ→た	ない				
	しぬ	しなない	ぬ→な		Ⅲ	くる	こない	
	あそぶ	あそばない	ぶ→ば			する	しない	
	よむ	よまない	む→ま					
	かえる	かえらない	る→ら					
	*ある	ない						

2. 写真を撮らないでください。

●Vないでください

　ある動作をしないことを依頼したり、指示したりする表現です。

3. 税金を払わなくてもいいです。

●Vなくてもいいです

　その動作を行う必要がないという表現です。

4. 晩ご飯を食べてから、テレビを見ます。

●V1てから、V2

　動作の前後関係を表す表現です。V1の動作が終わってから、V1の動作を行うことを表します。時制は文末で表します。

172

①市民グラウンドで試合があります。

　行事や出来事の開催、発生を表す表現です。助詞「で」は行事や出来事の場所を表します。

①Ａ：サッカーの試合、見に行く？
　　Ｂ：ううん、行かない。
「ない形」は非過去否定形「Ｖません」の普通形です。

②砂糖、入れないで。
　　普通体の会話では「Ｖないでください。」は「Ｖないで。」になります。⇒15課

18

た形
普通体会話4

1. 動詞た形

「た形」はいろいろな表現を後ろに伴って使います。

「た形」（Vた）の作り方は「て形」の作り方と同じで、「て形」の「て」を「た」に
変えて作ります。

	V dic.	Vて	Vた			V dic.	Vて	Vた	
I	かう かく かす よむ	かって かいて かして よんで	かった かいた かした よんだ	て→た	II	たべる みる	たべて みて	たべた みた	て→た
					III	くる する	きて して	きた した	

2. わたしは北海道へ行ったことがあります。

● **Vたことがあります**

過去の経験を述べる表現です。経験の内容は「Vた＋こと」で表します。以下のよ
うな過去の動作や出来事を述べるだけの文には使いません。

わたしは昨日カメラを買いました。

3. わたしはテレビを見たり、本を読んだりします。

● **V1たり、V2たりします**

多くの動作の中から代表的な動作を例として取り上げて述べる表現です。時制は文
末の「します」で表します。

4. わたしは泳いだあとで、30分寝ました。
わたしはジョギングのあとで、30分寝ました。

● $\begin{bmatrix} \text{V1た} \\ \text{Nの} \end{bmatrix}$ **あとで、V2**

V1／Nの動作が完了して、次にN2の動作がなされるという表現です。時制は文
末で表します。

「Vたあとで」はどちらの動作が先で、どちらが後かという動作の順序に焦点が当
てられているのに対し、「Vてから」はある動作が行われてから、続いて次の動作が
行われるという動作の連続に焦点が当てられています。⇒17課-**4**

①何回も行ったことがあります。
　「なんかいも」は"訳"という意味です。「なん＋助数詞＋も」はその数を話し手が多いと感じていることを表します。
　何時間も勉強しました。

A：何時にうちへ帰った？
　B：6時に帰った。
「た形」は過去肯定形で、「Vました」の普通形です。

　　いつでもいいです。
　　　疑問詞「いつ／なん／どこ／だれ／どちら＋でも」は"訳"という意味です。
いつでもいいです。
何でもいいです。
どこでもいいです。
だれでもいいです。
どちらでもいいです。

　助詞「を」は、外に出たり降りたりする場所を示し、「に」は入ったり乗ったりする場所を示します。

電車を降ります。　　部屋を出ます。
電車に乗ります。　　部屋に入ります。

19

> 普通形
> 普通体会話5

1. 普通形

　　1）日本語には丁寧体、普通体という2つの文体があり、丁寧体は文末に丁寧形が、普通体は文末に普通形を使います。⇒14課👥👥

　　　　普通体は友達との会話に使うほか、論文、報道記事などにも使います。

　　2）普通形は後ろにいろいろな表現を伴って、丁寧体の文中でも、普通体の文中でも使います。

　　　　辞書形は丁寧形「Vます」の普通形です。同様に、ない形は「Vません」、た形は「Vました」の普通形です。この課では「Vませんでした」に相当する動詞の普通形（過去否定）と、形容詞、名詞の普通形を学びます。

　　3）普通形の作り方

　　　　動詞過去否定は、「ない」を「なかった」に変えて作ります。

　　　　よまない→よまなかった
　　　　たべない→たべなかった
　　　　　こない→　こなかった

　　　　い形容詞の普通形は丁寧形の「です」を取ります。

　　　　非過去肯定　おおきいです　　　　　→おおきい
　　　　過去肯定　　おおきかったです　　　→おおきかった
　　　　非過去否定　おおきくないです　　　→おおきくない
　　　　過去否定　　おおきくなかったです→おおきくなかった

　　　　な形容詞と名詞の普通形は次のように作ります。

　　　　非過去肯定　ひまです　　　　　　　→ひまだ
　　　　過去肯定　　ひまでした　　　　　　→ひまだった
　　　　非過去否定　ひまじゃありません　　→ひまじゃない
　　　　過去否定　　ひまじゃありませんでした→ひまじゃなかった

2. バスはすぐ来ると思います。

　　●普通形と思います

　　1）「とおもいます」は話し手が自分の意見や感想を述べたり、推量したことを述べたりするときの表現です。

　　　　意見、感想、推量の内容は、引用を表す助詞「と」の前に普通形を用いて表します。内容を否定するときは助詞「と」の前に否定形を用います。

バスはすぐ来ないと思います。

2) 意見や感想を尋ねるとき、「～についてどうおもいますか」を使います。「どう」
　　は後ろに助詞「と」を伴いません。
　　　Ａ：地下鉄についてどう思いますか。
　　　Ｂ：便利だと思います。
3) 相手の言ったことに同意する場合は「そうおもいます」を使います。
　　　Ａ：漢字の勉強は大変ですが、役に立つと思います。
　　　Ｂ：わたしもそう思います。

3. 　アランさんは時間がないと言いました。

　●普通形と言います
1)「といいます」はだれかの発言を間接的に引用して述べる表現です。引用部分は
　　通常普通形が使われ、助詞「と」で示されます。引用された文は主文の時制に影
　　響されません。
2) 発言の内容を尋ねるとき、疑問詞「なん」を使って次のように言います。
　　　Ａ：アランさんは何と言いましたか。
　　　Ｂ：時間がないと言いました。

・・・

①疲れたが、気持ちがよかった。
　　普通体では話し言葉、書き言葉を問わず、接続助詞「が」「から」の前では普通形を使
　います。
　普通体：楽しかったから、また行きたい。
　丁寧体：楽しかったですから、また行きたいです。

Ａ：今日、暇？
　Ｂ：うん。
　名詞とな形容詞の普通体会話では、「—です」の普通体である「—だ」は省略します。
　　Ａ：あした休み？
　　Ｂ１：うん、休み。
　　Ｂ２：ううん、休みじゃない。

┌──┐
│　森の中を歩きます。　　　　　　　　　　　　　　　　　　　　　　　│
│　　「を」は通過する場所を示す助詞です。　　　　　　　　　　　　　│
└──┘

177

20

名詞修飾

1. 名詞修飾

日本語では修飾する語は単語、文にかかわらずすべて名詞の前に来ます。

1）名詞、形容詞による修飾

これまでに名詞や形容詞による名詞修飾を学びました。

日本の山⇒1課

高い山⇒7課

有名な山⇒7課

2）文による修飾

この課では文による名詞修飾を学びます。

文による名詞修飾では普通形を使います。

あした来る人

あした来ない人

昨日来た人

昨日来なかった人

3）名詞修飾節の中の主語は助詞「が」で表されます。

アンさんはロボットを作りました。

↓

アンさんが作ったロボット

2. これは掃除をするロボットです。

●名詞修飾文

修飾された部分「そうじをするロボット」は主語、述語などとして、文の各部分に使われます。

アンさんは掃除をするロボットを作りました。

掃除をするロボットは便利です。

∙∙

①カエサルはサンダルを履いています。

日本語では身に付けるものによって使う動詞が異なります。

着物やスーツなどには「きます」、靴やズボンなどには「はきます」、帽子には「かぶります」、眼鏡は「かけます」、アクセサリーには「します」を使います。

②食事は1日に2回だけでした。

「に」は頻度の基準を表す助詞です。「に」の意味は"訳"です。

178

１週間に１回
２か月に１回

③色もデザインも大好きです。
「Ｎ１もＮ２も」は“訳”という意味です。

Ａ：サンダルを履いている人はだれですか。
Ｂ：カエサルです。
　話し手と個人的に親しい関係がない場合、有名人には「〜さん」を普通は付けません。

３章
文型説明

20

21

条件文

1. 雪がたくさん降ったら、早くうちへ帰ります。

● S 1 たら、S 2

　仮定条件を表す表現です。「S1たら」は仮定条件を表し、S1が成立した場合にS2が成立することを表します。意味は"訳"です。

　「Sたら」は動詞、形容詞、名詞の「普通形過去＋ら」の形です。

		肯定	否定
V	ふる	ふったら	ふらなかったら
いA	たかい	たかかったら	たかくなかったら
なA	ひまだ	ひまだったら	ひまじゃなかったら
N	あめだ	あめだったら	あめじゃなかったら

2. 駅に着いたら、電話してください。

● V たら、S

　「Vたら」は将来必ず起こることを表す場合にも使います。SはVが完了したあとに行う動作を表します。「Vたら」の意味は"訳"です。

3. 宿題があっても、コンサートに行きます。

● S 1 ても、S 2

　逆接条件を表す表現です。意味は"訳"です。S1で述べられている条件のもとで、当然起こると予想される結果とは逆のことがS2で起きるということを表します。

　「Sても」はて形に「も」をつけて作ります。

		肯定	否定
V	かく ある	かいても あっても	かかなくても なくても
いA	たかい	たかくても	たかくなくても
なA	ひまだ	ひまでも	ひまじゃなくても
N	あめだ	あめでも	あめじゃなくても

①地震が起きます。

　　この助詞「が」は自然現象や事故などを表すのに使われます。

②8時までに来てください。

　　「までに」は動作を行うべき最終期限を表す助詞です。

③学校に来てください。

　　「に」は人や物の移動先（目的地）を表す助詞です。方向を表す「へ」と同様に、「に」も移動動詞「いく」「くる」「かえる」につきます。

22

動詞文5（授受動詞）

1. 渡辺さんはわたしに本をくれました。

●N1（人）にN2（もの）をくれる

「くれる」は受け取る人が話し手や話し手のグループのだれか（家族など話し手に近い人）の場合にのみ使い、意味は"訳"です。一方、「あげる」は受け取る人が話し手や話し手のグループではない場合に使います。従って
「わたなべさんはわたしにほんをあげました」は間違いです。

　　渡辺さんはわたしに本をくれました。
　　渡辺さんは妹に本をくれました。
　　渡辺さんはリンさんに本をあげました。

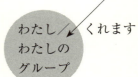

2. 渡辺さんはわたしに日本の歌を教えてくれました。

●Vてくれる

「くれる」が動詞のて形に付いてだれかの行為によって話し手に恩恵を与えることを表し、行為の受け手の立場で感謝の気持ちを伝えます。本動詞として使われる場合と同様に、利益・恩恵の受け手は話し手や話し手のグループのメンバーです。利益・恩恵の与え手が主語になります。

　　①渡辺さんはわたしに日本の歌を教えました。
　　②渡辺さんはわたしに日本の歌を教えてくれました。

①では渡辺さんが歌を教えたことを述べているだけですが、②は渡辺さんが教えたことで利益を受けたという話し手の気持ちが表されています。

このように、て形と結びついた授受動詞は、その動作と同時に利益や恩恵のやり取りも表します。

3. わたしは渡辺さんに日本の歌を教えてもらいました。

●Vてもらう

話し手がだれかの動作によって利益・恩恵を受けるという表現で、話し手は受け手として感謝の気持ちを表します。利益・恩恵の受け手が主語になります。

　　わたしは渡辺さんに日本の歌を歌ってもらいました。

「わたしは渡辺さんが日本の歌を歌ったことに感謝します」という意味合いがあります。

4. わたしは渡辺さんにわたしの国の歌を教えてあげました。

●**Vてあげる**

　これは話し手が話し手のグループ以外の人に利益・恩恵を与えるという意味です。恩恵の与え手が主語になります。

　　わたしは渡辺さんにわたしの国の歌を歌ってあげました。

　この表現は押しつけがましい印象を与える場合があるので、話し手が目上の人のために何かをする／したことを、その人に向かって直接話すときには使わないほうがいいでしょう。

・・・

①Ａ：だれが浴衣を貸してくれましたか。

　Ｂ：渡辺さんが貸してくれました。

　「だれ」「どこ」「なに」「いつ」などの疑問詞の後ろには、主題を示す助詞「は」ではなく、助詞「が」を使います。また、その問いに答えるときも助詞「が」を使います。

②トルコ語を教えてくれて、ありがとう。

　「Vてくれて、ありがとう」は聞き手の動作によって恩恵を受けたことに対し、話し手が感謝を表す表現です。目上の人には「Vてくださって、ありがとうございます」を使います。

執筆者

山﨑佳子　元東京大学大学院工学系研究科
佐々木薫
高橋美和子
町田恵子　元公益財団法人アジア学生文化協会日本語コース

イラスト
内山洋見

装丁・本文デザイン
山田武

新装版
日本語初級 1 大地
教師用ガイド　「教え方」と「文型説明」

2010 年 11 月 1 日　初　版第 1 刷発行
2024 年 10 月 11 日　新装版第 1 刷発行

著　者　山﨑佳子　佐々木薫　高橋美和子　町田恵子
発行者　藤嵜政子
発　行　株式会社　スリーエーネットワーク
　　　　〒102-0083　東京都千代田区麹町3丁目4番
　　　　トラスティ麹町ビル2Ｆ
　　　　電話　営業　03（5275）2722
　　　　　　　編集　03（5275）2725
　　　　https://www.3anet.co.jp/
印　刷　株式会社シナノ

ISBN978-4-88319-958-7　C0081
落丁・乱丁本はお取替えいたします。
本書の全部または一部を無断で複写複製（コピー）することは著
作権法上での例外を除き、禁じられています。

日本語学校や大学で日本語を学ぶ外国人のための日本語総合教材

■初級1

日本語初級1 大地　メインテキスト
山崎佳子・石井怜子・佐々木薫・高橋美和子・町田恵子●著
B5判　195頁+別冊解答46頁　CD1枚付　3,080円(税込)〔978-4-88319-476-6〕

日本語初級1 大地　文型説明と翻訳
〈英語版〉〈中国語版〉〈韓国語版〉〈ベトナム語版〉
山崎佳子・石井怜子・佐々木薫・高橋美和子・町田恵子●著　B5判　162頁　2,200円(税込)
英語版〔978-4-88319-477-3〕　　中国語版〔978-4-88319-503-9〕
韓国語版〔978-4-88319-504-6〕　ベトナム語版〔978-4-88319-749-1〕

日本語初級1 大地　基礎問題集
土井みつる●著　B5判　60頁+別冊解答12頁　990円(税込)〔978-4-88319-495-7〕

文法まとめリスニング 初級1 ―日本語初級1 大地準拠―
佐々木薫・西川悦子・大谷みどり●著
B5判　53頁+別冊解答42頁　CD2枚付　2,420円(税込)〔978-4-88319-754-5〕

ことばでおぼえる やさしい漢字ワーク 初級1 ―日本語初級1 大地準拠―
中村かおり・伊藤江美・梅津聖子・星野智子・森泉朋子●著
B5判　135頁+別冊解答7頁　1,320円(税込)〔978-4-88319-779-8〕

新装版　日本語初級1 大地　教師用ガイド「教え方」と「文型説明」
山崎佳子・佐々木薫・高橋美和子・町田恵子●著
B5判　183頁　2,530円(税込)〔978-4-88319-958-7〕

■初級2

日本語初級2 大地　メインテキスト
山崎佳子・石井怜子・佐々木薫・高橋美和子・町田恵子●著
B5判　187頁+別冊解答44頁　CD1枚付　3,080円(税込)〔978-4-88319-507-7〕

日本語初級2 大地　文型説明と翻訳
〈英語版〉〈中国語版〉〈韓国語版〉〈ベトナム語版〉
山崎佳子・石井怜子・佐々木薫・高橋美和子・町田恵子●著　B5判　156頁　2,200円(税込)
英語版〔978-4-88319-521-3〕　　中国語版〔978-4-88319-530-5〕
韓国語版〔978-4-88319-531-2〕　ベトナム語版〔978-4-88319-759-0〕

日本語初級2 大地　基礎問題集
土井みつる●著　B5判　56頁+別冊解答11頁　990円(税込)〔978-4-88319-524-4〕

文法まとめリスニング 初級2 ―日本語初級2 大地準拠―
佐々木薫・西川悦子・大谷みどり●著
B5判　48頁+別冊解答50頁　CD2枚付　2,420円(税込)〔978-4-88319-773-6〕

ことばでおぼえる やさしい漢字ワーク 初級2 ―日本語初級2 大地準拠―
中村かおり・伊藤江美・梅津聖子・星野智子・森泉朋子●著
B5判　120頁+別冊解答7頁　1,320円(税込)〔978-4-88319-782-8〕

新装版　日本語初級2 大地　教師用ガイド「教え方」と「文型説明」
山崎佳子・佐々木薫・高橋美和子・町田恵子●著
B5判　160頁　2,530円(税込)〔978-4-88319-959-4〕

日本語学習教材の

スリーエーネットワーク

https://www.3anet.co.jp/
ウェブサイトで新刊や日本語セミナーを紹介しております
営業　TEL:03-5275-2722　　FAX:03-5275-2729

❷ 形容詞

 A01 大きい
 A02 小さい
 A03 新しい
 A04 古い
 A05 面白い
 A06 高い

 A07 安い
 A08 楽しい
 A09 いい
 A10 おいしい
 A11 難しい
 A12 青い

 A13 広い
 A14 狭い
 A15 忙しい
 A16 暑い
 A17 寒い
 A18 多い

 A19 少ない
 A20 長い
 A21 短い
 A22 暖かい
 A23 涼しい
 A24 明るい

 A25 暗い
 A26 速い
 A27 遅い
 A28 元気［な］
 A29 親切［な］
 A30 簡単［な］

 A31 きれい［な］
 A32 にぎやか［な］
 A33 静か［な］
 A34 便利［な］
 A35 有名［な］
 A36 大変［な］

 A37 暇［な］
 A38 好き［な］
 A39 嫌い［な］
 A40 残念［な］
 A41 大切［な］
 A42 まじめ［な］

❸ 名詞

 N01 学生
 N02 100円
 N03 雨
 N04 休み